めざせ！情熱英語教師

生徒の心に火をつけよう

広島大学外国語教育研究センター教授
上西 幸治 UENISHI Koji

Passion
Action
Impression

溪水社

はじめに

　筆者は，長年高等学校及び大学で英語教師として教鞭をとってきましたが，これまでの教授経験，過去に恩師から受けてきた教育等を基に，一冊の著書にしています。特に，第1章「(英語)教師とは」，第2章「(英語)教師としての心がけ」では，英語教師は言うまでもなく，他の教科の先生方にも関係する一教師という職業について，筆者の考えを綴っています。「(英語)教師」となっているのは，その意味を込めています。本著の中でも記載していますが，教師という仕事は多忙を極めています。筆者が高校教師として勤めていたころよりも，もっと状況は厳しくなっているのではないでしょうか。ご存知のように，教師は特定の教科指導だけが仕事ではありません。校内の校務分掌（進路指導や生徒指導など），クラブ指導，そして担任（副担任）としての務め，更には保護者との対応等，多岐に渡ります。そのような多忙な状況の中，教師としてどのような姿勢や心構えで仕事をしていくのか，筆者なりの考えを記述しています。

　具体的には，先ほど述べましたように，第1章「(英語)教師とは」，第2章「(英語)教師としての心がけ」では，(英語)教師の（勤務時間外を含め）日々の仕事に対する姿勢や心構えなどに焦点を当てて，持論を展開しています。第3章「生徒理解と教師発話」では，教師として生徒と向き合う際のヒントになればと思い，筆者なりに記述させて頂きました。第4章「英語指導の実際」では，実際に授業を行う際のことについて詳細に記載しています。ここでは，第1節「英語授業前」，第2節「英語授業中」，第3節「英語授業後」のように，実際に行う授業を3つに分けて，具体的に述べています。実際に英語授業をする際に，多少なりとも参考にして頂ければ幸いです。

　本著の最後に，「演習編」を設けました。この演習編では，英語指

導という観点から，具体的な項目を取り上げて，英語授業の指導案及び対処法を考えていくようにしています。ここでは，ある特定の場面や懸案となりそうなことを列挙して,それらについて英語教師として，どのように対処するか，あるいは目の前の生徒に対する指導方法などを考えて頂き，実際に教壇で教える場合の参考にして頂ければ幸いと思い，筆者なりの考えも提示しています。指導する際の具体的な項目を挙げていますので，実際に教えることを想定して，しっかりと考えてもらいたいと思います。

　本著はあくまで，高校教師として 20 数年，大学教師として 10 年以上勤めてきた筆者の経験やその中で得た知見を中心に綴っています。(英語) 教育に関心のある方々や (英語) 教師として勤めておられる方々に，少しでも参考になれば，筆者としてもこの上ない喜びです。

　　2018 年 5 月 23 日

　　　　　　　　　　　　　　　　　　　　　　　　　　　上西　幸治

目　次

はじめに ……………………………………………………………… i

第1章　（英語）教師とは ……………………………………… 3
　　生徒の心に火をつける教師　3
　　Role model（人生の師）としての教師　5
　　（英語）指導力を磨く教師　7
　　心に残る教師　9
　　人としての礼節を知る教師　12
　　信頼される教師（英語力）　14
　　明朗・快活な教師　16
　　勇気を与えられる教師　17
　　感動を与えられる教師　19
　　教師の原点を念頭に置く教師　21
　　人の生き方を語れる教師　23
　　情熱のある教師　24
　　信念のある教師　26

第2章　（英語）教師としての心がけ ………………………… 29
　　教えることは学ぶこと　29
　　夜寝る前はプラスのイメージで快眠　31
　　周囲の人たちへの感謝をもって！　32
　　学習者の悩みに耳を傾けよう！　34
　　自分を勇気づける言葉を持とう！　36
　　体力を維持しよう！　38
　　自己研鑽しよう！　40
　　アンテナを広げて！　42

海外で見聞を広めよう！　44
　　生徒からの評価を肥やしに！　46
　　生徒の Role model であることを意識して！　48
　　校外研修に参加しよう！　49
　　英語力の土台作りから！　51
　　同僚と励まし合おう（協力し合おう）！　53
　　教員相互の授業研究（観察）　54
　　海外体験を英語で記録として残そう！　56
　　アウトプット活動を心がけて！　58
　　人生に関わる知識を持とう！　59
　　楽しく仕事をしよう！　62
　　自らの英語体験を語ろう！　63

第3章　生徒理解と教師発話 ……………………………… 67
　　生徒への激励（授業外）　67
　　生徒への激励（授業内）　69
　　英語学習の意義　72
　　教師の声かけ・話を聞く姿勢　74
　　学習者個々の（思いへの）理解　75
　　発話練習の必要性　77
　　英語学習の困難性　78
　　言葉以外も大切に！　80
　　発問の工夫　82
　　日々の観察からの対話　83

第4章　英語指導の実際 ……………………………… 87
　第1節　英語授業前 ……………………………… 87
　　学年最初の授業　87
　　クラス実態を知る　89

よりよい発音に向けた努力　90
　　英語に興味を持たせる工夫　92
　　英語を楽しませる工夫　94
　　プラスのイメージを持って（授業に臨もう）！　95
　　分からせる工夫　98
　　時間経過の早い授業を目指して！　99
　　生徒の質問予測　101
　　英語を使わせる工夫　102
　　積極的に Activity を取り入れよう！　104
　　授業内容の焦点化　105
　　Virtual Teaching（仮想練習）　107
　　実践を形にして残そう！　109

第2節　英語授業中 …………………………………………　111
　　最初が肝心　111
　　褒めることの効用　115
　　成功体験をさせよう！　117
　　とにかく注意（声かけ）をしよう！　119
　　積極的に Classroom English を使おう！　121
　　板書の仕方を考えよ！　123
　　演技者になろう！　125
　　インタラクションを重視　127
　　心に余裕を！（完璧を課さない）　130
　　机間指導の活用　132
　　アクセントをつけた授業　134
　　タイミングを大切に！　136
　　生徒を引きつけよう！　138
　　明るい表情で！　141

第3節　英語授業後 …………………………………………… 144
　　　　授業をモニターしよう！　144
　　　　教案と実際の授業　145
　　　　教材について考える！　146
　　　　生徒の発話量は？　148
　　　　生徒からの授業アンケート評価　150
　　　　教師の視点では？　153
　　　　プラス思考で次へ　155
　　　　発信力を踏まえた英語指導？　156
　　　　楽しい授業？　157

第5章　演習編 …………………………………………… 161
　　　目標に向けた指導工夫　161
　　　授業内容の焦点化　166
　　　人の生き方を語ろう！　170
　　　Activity を積極的に活用　175
　　　英語の誤りの指摘は？　182
　　　やる気にさせる工夫　186

付録　楽しいと思える授業に向けて！ ……………………… 189
参考文献 ……………………………………………………… 198
おわりに ……………………………………………………… 199

めざせ！情熱英語教師
―― 生徒の心に火をつけよう ――

第1章　THE ROLE OF THE TEACHER

（英語）教師とは

　この章では，（英語）教師とは何かについて論じていきます。英語教師も一人の教師ですから，他教科の教師と多くの共通点があります。その共通点も含めながら，英語教師とは何なのか，どんな英語教師像を描くべきなのか，などについて考え，英語教師になる上での姿をこの章で論じていきます。いわゆる，筆者の（英語）教師論とも言える章となります。

生徒の心に火をつける教師
　筆者が尊敬する師から教えて頂いた有名人（Williams Arthur Ward, English novelist in the US）の教師に関する言葉です。

> The mediocre teacher tells,
> The good teacher explains,
> The superior teacher demonstrates,
> The great teacher inspires.
>
> 凡庸な教師はただ喋る
> 良い教師は説明する
> 優れた教師はやってみせる
> 偉大な教師は心に火をつける

一般的に教師は習得した知識，教科書の中にある知識をいかにうまく生徒に伝達し，いかに早く生徒が理解できるようにするかで評価がされる傾向があります。確かに，新しい学習内容をうまく生徒に教えられる教師は優れた教師と言えます。現在では，それで全て教師の価値が決められてしまうようなところがあります。上手に教えられる教師は確かに優れた教師でしょう。しかし，まだそれに達していると言えない教師でも，そうしようと努力を継続している教師も，よい教師の範疇に入ると言えます。それは，ある意味教師にとって当然のことなのではないでしょうか。生徒に未知の学習内容を習得させるために，様々な工夫をしながら，わかりやすいように教えていく（いこうとする）のは，教師の務めです。しかし，そのことだけに終始していては，更に上のレベルの教師にはなれないでしょう。

　最初に述べたGreat teacherになるには，それなりの実体験や追体験を数多く持ち合わせていることも必要と考えます。実体験・追体験と簡単に言いますが，それほど簡単なことではありません。追体験に関しては，人生に関わる有名人や苦難を乗り越えて人生を精一杯生き抜いている人たちの著書を読んだり，小説などで感情移入して主人公の気持ちになって幅広い人間性を培うことが必要でしょう。教育問題や日常的な問題等について他の人々と語り合いながら，彼らの体験談を聞くことも重要と考えます。また，実体験に関しては，教師として勤めながら，可能な範囲で地域の活動やボランティア活動に参画して，様々な人々との交流を深めて，教育以外の経験を豊かにすることも必要でしょう。さらには，諸外国への旅行を通して異文化の国々を見聞し，その国の人たちとコミュニケーションをとり，人間的幅を広げていくことも大切です。筆者自身も，様々な国々を旅して，楽しい経験また苦い経験をしてきました。その実体験を生徒に語りながら，生徒たちとの信頼関係を高め，少なからず彼らの心に火をつけることができたつもりです。直接会って卒業生から「心に火がついた」話を聞くことは，めったにありません。

どこでどのように生徒の心に火をつけているのかは，教師にとっては定かではない場合が多いものです。しかし，生徒の心に火をつけていく，そうすることに努めていくのが教師です。特に，英語教師となると，言語そのものに関わっているが故，英語でのやり取りの楽しさや外国の人たちとの交流などの話を通して，英語に対する興味・関心を高めさせ，将来に繋がるものを生徒たちの中に植え付けていくことができたら，教師冥利に尽きると言っても過言ではないでしょう。

Role model（人生の師）としての教師

教師という職業は，その人の人生を左右しうる重要な仕事です。そのため，生徒から見て「模範（Role model）」となりうる教師でなくてはなりません。言葉にするのは簡単ですが，行動するとなると日常的な努力が要求されます。「言うは易く行うは難し（It's easier said than done.）」という諺がありますが，まさにそのとおりです。とはいっても，クラスの中には様々な生徒がいます。これはどの教科にも共通することですので，一般的な話から英語指導する上でのRole modelに徐々に焦点を移して論じていきます。

学校に来る理由としては，学校があるからただ来て授業に出ている生徒，友人と話がしたいから来ている生徒，学校の方が楽しいから来ている生徒などが挙げられるでしょう。また，将来を見据えて学力をつけておきたいから熱心に学ぼうとしている生徒やクラブ活動を熱心に行うために来ている生徒もいます。このように様々な理由で学校に通って来ている生徒に対して，教師は何を示すことができるのでしょうか。

第一に，生きていること，生きることへの意味などを少しでも提示できる教師であるべきだと考えます。少し大げさに聞こえるかもしれませんが，生徒もこの世に生を受けて，成長している過程で親の世話になり，やっと中学校や高校の生徒になるまでに大きくさせてもらっています。これは常に感謝の姿勢を持つことと関連があることですが，

生きていることは周囲の人たちへの感謝なくしては成り立ちません。10代後半にもなると，自分一人で大きくなったように勘違いをして，親への感謝の思いを示さない生徒がいます。誰のおかげで，身体的にも精神的にもここまで成長できているのか，多くの生徒があまり考えてはいないでしょう。両親だけのおかげではないことは事実です。しかし，まず両親が愛情を注いで滋養となるものを与えてくれてきたからこそ，今の自分があることを忘れてはならないと考えます。その意味では，生を受けて生きてきた意味を考えさせ，今後の人生をどう生きるかを言葉にもしながら，生徒に示すことが必要でしょう。当然教師も一様であってはなりません。多様な教師が存在し，それぞれが，その個性を発揮しながら，生徒の前に立って授業をし，人生を語れる教師であるべきでしょう。Role modelとしての教師とは，言葉で人生を語る「師」でもあるでしょうし，また，行動によって生徒にその模範（手本）を示す存在でもあるでしょう。いずれにしても，教師は「模範（Role model）」を示し，今後の人生に何らかの形で影響を与えうる存在であってほしいものです。

　しかし，その結果は早急に出るとは限りません。在学時代には全くそのような素振りもなく，ただ普通の高校生活を送っていた生徒が，知らず知らずのうちに教師の影響を受けていることがあるものです。筆者の教師生活も，その例に漏れない出来事に恵まれました。40代前半に，ある勤務校で英語を教えていました。時代はコミュニケーション能力を向上させるために，いかに生徒に英語を使用させて教えていくかに躍起になり始めていた頃でした。筆者自身も常に英語を使用しながら，学習者（生徒）の「使える英語力」向上のために奮闘していました。教師も英語による授業実践をしていくために，聞く・話す英語力，特に話す英語の力が求められていました。そのために，筆者も日常的に外国人講師と会話をし，授業の予習には人一倍時間をかけてTeaching Planを練っていたのを覚えています。その結果，生徒の反応はよく，外国人とのTeam teachingの授業では特に，生徒同士の

やり取りは活発であり，生徒からの質問も数多くありました。そのような状況の中で日本人教師の存在感が問われるのは事実です。外国人講師とのやり取り（手本）を示しながら，生徒に英語を使わせてやり取りをさせていったり，勇気をもって英語を口から出そうとさせていったりする際に，その教師の姿勢が生徒に乗り移ることがあります。何が幸いするかはわかりませんが，教師が授業の中で英語を使って手本を示したり，教師の英語体験談を語っていくことが，生徒のやる気を高めていったと思っています。筆者がその当時担当したクラスの中で，英語を使用して仕事をしている生徒がかなりいます。その中の一人が，卒業後に同期会を開いて飲食している最中に，筆者に次のように言いました。

「先生のおかげです。今，僕がこのように英語を使いながら仕事をしているのは」

筆者は「どうして？」と即座に尋ねました。すると，彼は続けて次のように言いました。

「あの頃，先生が英語による楽しい体験談を話してくれたり，英語を使っていろんなことを学んだおかげで，英語の方に進もうと決めたんです」

彼は商社関係の仕事で，外国（人）とのやり取りを常にしているようです。英語教師なら，このような体験は一つや二つはあるでしょうが，教師がその時は必至で英語に関わって生徒のためにと思ってやっていることが，限られた人数であっても，生徒の人生に大きな影響を与えることにもなるのです。

（英語）指導力を磨く教師

ここで質問です。

> 教師として指導力を磨こうとする前に，持っておくべき一番大切なことは何だと思いますか？

それは教師の「情熱（Passion）」です。「この生徒の英語力を何とか上げてやりたい」「躓いている生徒を援助したい」「やる気をなくしている生徒にやる気を取り戻させたい」「もっと英語を好きになってもらいたい」などなど。この「情熱」なくして，指導力を上げようという気にはならないのではないでしょうか。ある意味，これは教師にとって基本中の基本と考えます。

　英語の指導力に関して，生徒からの信頼を得るためには，その指導力を向上させて生徒の英語力向上に貢献していく必要があります。生徒が教師の指導に対して，少しずつ教師のやり方を信じてくれるように努めていくことが大切です。しかし，指導力の向上も英語力同様，容易なことではありません。日々精進する姿勢がないと，いつまでも同じ次元にとどまるようになります。では指導力とはいったい何なのでしょうか。

　英語指導の前提として教師自身がもつ「人間性」や「生徒理解」などが考えられますが，ここでは，具体的な指導力の要素について考えてみましょう。英語教師に関して言えば，英語力を基本として，指導方法，話し方，演技力，そして生徒への対応力などが挙げられます。

　教師のパフォーマンスつまり「演技力」は，生徒を授業に巻き込む上で重要な要素の一つと言えます。教師がパフォーマンスを発揮する際，言語的要素と非言語的要素が関わってきます。前者の言語的要素は教師の「話し方」や「対応力」などが関わります。教師の話し方は，当然のことながら明瞭さが必要です。メリハリのきいた発音，そして分かりやすい，聞き取りやすい話し方をしないと，生徒の授業に対する姿勢が消極的となり，授業の内容から徐々に心が離れていくでしょう。それを防ぐ意味でも，教師自身が生徒の心に届きやすい話し方をしていくことが必要です。たとえ話し方が明瞭であっても，中身が伴わないと，徐々に授業内でネガティブな現象が起こらないとも限りません。

　更に，非言語的な要素に関わっては，言語より先に授業の中でのイ

第1章 （英語）教師とは？

ンパクトがあると考えます。具体的には授業の中で，まず教師が使用する顔の表情・しぐさ・身体の動きなどの視覚的なものが，その範疇に入ります。これらのことは，生徒が授業に取り組んでいく姿勢に少なからず影響を与えていくものです。教師はパフォーマー（演技者）とか，エンターテイナーだと言う人もいます。つまり，この「演技力」こそが，教壇に立って教える上で重要な要素の一つということなのです。演技力が優れている背景には，その人が人間的にどのような人であるかが関わってくるのではないでしょうか。優れた演技力を生徒の前で発揮するには，元々その教師に素晴らしい人間性が備わっている必要もあるでしょう。

たとえば，教師が授業の中である生徒に発問をして生徒の反応が鈍かったとき，いろんな原因が考えられます。その一つとして，その生徒は緊張のあまり応答ができなかった場合もありえます。それを読み取るのは教師の仕事であり，その時の教師の顔の表情等が該当生徒に与える影響は大きいと考えます。その生徒が緊張していると察したなら，すぐさまその緊張を少しでも和らげること（表情など）を教師はしていかなくてはなりません。つまり，教師が笑顔でその生徒の行き詰まりを少しでも打破することを試みる必要があるでしょう。その表情をベースにした生徒との柔和なインタラクションが，その後の生徒の反応や授業に対する姿勢によい影響を与えていく可能性があるのです。

心に残る教師

皆さんは学校教育を受けてきた中で，印象に残っている教師はいるでしょうか。おそらく10数年間学校へ行ってきたのでしょうから，印象深い教師が一人や二人はいるのではないでしょうか。これはあくまで教師全般に関してのことですが，もし英語教師と限定したならどうでしょう。ひょっとすると印象的な先生は少ないかもしれません。とりわけ，その先生が英語力が優れていたり，特別に放課後の補習授業や英語準備室などで質問の答えを丁寧にしてもらったりと，何か他

の先生とは違う指導を受けていたら，英語の先生といえども印象深いかもしれません。

　質問に来た生徒を邪険に扱ったり，熱心さに欠けた受け応えをしたりするのは，言語道断です。かつてよく言われた「教師の風上にも置けない」ということになるでしょう。やはり，生徒が英語準備室を尋ねて来たら，「よくここに来たなあ」という雰囲気を醸し出すようにしながら，当の生徒に対応する必要があります。生徒にとっては，結構先生の準備室を尋ねに行くのも勇気がいるものです。慣れてくればそうでもないのですが，質問をしに行くにしても，他の先生も同室にいるわけですから，余計に緊張感が高まります。少なからず他の先生の視線を浴びることもありますし，部屋に入るとなると，家にいるときのようにガラッとドアを開けてズカズカ入ることはできません。学校ですから，それ相応の礼儀・礼節が必要となります。それを心得た上で先生の準備室を訪れないと，少し気まずい雰囲気になったり，先生に説教を食らったりすることにもなりかねません。これは社会人になる前の練習でもありますから，当然のことではあります。このような礼儀を心得ておくように促すのも教師の務めでもあります。

　少し話がそれましたが，このような状況下で生徒が勇気を出してきたのですから，教師は生徒が話しやすいよう，快く受け入れてあげるのが，逆の意味での礼儀ではないでしょうか。せかせかと急き立てるのではなく，ゆっくり話を聞く姿勢で生徒の心を和ませ，徐々に尋ねたい質問へと話題を持っていくのが賢明な対応の仕方でしょう。これにより生徒の緊張を和らげ，話がしやすくなります。その時にもう一つ教師が心がけることが，顔の表情です。ゆっくり柔らいだ雰囲気で話し，言葉で生徒の心の緊張をとることも大切ですが，先ほど述べた教師の表情でも生徒の心を和ませる必要があります。これは教師があえて顔の表情を相手が話しやすいようにするというよりも自然に教師がそのような表情をすることが必要です。表情の中でも何と言っても笑顔でしょう。教師の笑顔は，言葉にする前に生徒の心を和ませるも

第1章 （英語）教師とは？

のです。それによりすんなり生徒は心の緊張が薄らぎ，話しやすくなることは間違いありません。これは常日頃から顔の表情に意識をしていないと自然と出てくるものでないので，日常的にちょっとした笑顔で生徒と対応するように心がけた方がよいでしょう。これはあくまで深刻な話ではない場合のことです。どんな場面でも，いつも笑顔を出していればよいというものではありません。場を読んで顔の表情に気を付けていきましょう。

　今の話は前段でしたが，果たして心に残る教師とはどんな教師なのでしょう。筆者の経験から言うと，その生徒のことを考えて情熱を傾け続けてきた教師こそが，その生徒にとって心に残る教師となるのではないでしょうか。やはり，キーワードは「情熱（Passion）」です。教師という仕事への情熱なくして，心に残る教師とはなれないでしょう。当然，教師として働いているときにそんなことを考える必要もありませんし，心に残る教師になろうとするために努める人もいないでしょう。結局，常に生徒のことを思って，目の前の課題や問題に取り組んだり，一生懸命授業の工夫をして教えようとする姿勢を持ち，常に前進し続ける教師であり続けることが大切だと考えます。

　筆者が「情熱」で思い起こすのが，ホームステイの引率者（リーダー）としてアメリカ・ロサンゼルスへ行った時に現地で英語を教えていた教師です。彼は工夫したハンドアウトを用意し，様々なActivityを取り入れて，生徒に必死でコミュニケーションとしての英語を教え伝えようとしていました。これはある意味当然のことですが，彼は事あるごとに日本人の生徒に向かって，「Enthusiasm（熱意／やる気）」という言葉を使っていました。例えば，何か活動をさせようとしたときに，日本人の生徒がシャイでなかなか口から英語を出そうとしません。そんなときも，「勇気を出して英語を話しなさいよ」という意味で，その単語「Enthusiasm」を使っていました。いろんな場面で何度も何度もその語を使って生徒を鼓舞しようとしていました。さらに，その英語教師がその単語をいうときの非言語コミュニケーションが素晴

らしく印象的なのです。彼が顔の表情を含め，身体全体を使って意図することを一生懸命に伝えようとしているのです。その単語を発音しながら，目を大きく開き，顔を少しスマイルにし，両手を広げて身体を上下に動かし，「やる気を出そう！」「もっと話そう！」と訴えていました。特に，「Enthusiasm」のアクセントがある部分「thu」で，その表情も身体の動きも激しさを増すのです。その全体の表情や言葉によって，彼が一生懸命教え（伝え）ようとしていることが，私たちの心にヒシヒシと伝わってくるのです。これは彼が言葉にした「Enthusiasm」という語の意味ではもちろんですが，彼の生徒への「情熱（Passion）」の表れでもあると思います。本当に熱意に満ち溢れた教師は，言葉だけではなく，顔の表情，身体全体からそれが滲み出てくるものだと思います。このような教師が，生徒にとって心に残る教師になるのでしょう。

人としての礼節を知る教師

　礼節は，教師という職業を選んで，その仕事を全うする上で基本となるべきことです。教師という職業は人を育成していく職業ですので，人間として手本となるべき態度や姿勢を持ち合わせていなくてはなりません。それが人としての礼節だと思います。人間関係をうまく築いていくためにも礼節は重要です。

　礼節とは，礼儀と節度を意味します。まず礼儀に焦点を当てていきます。例えば，朝同僚に会えば「おはようございます」と挨拶をします。そして，「おはようございます」と返事をします。これは仕事をしていく上で人として当然のことです。しかし残念ながら，これができない人がいます。役職がついて上の人になって，より礼節が必要なのに，これができない人がいます。日本人同士で会って挨拶をするのは礼儀です。挨拶をするときは，自然とちょっと頭を下げる形になります。その挨拶ができない（しない）のは，頭を少しでも下げると，相手より（役職などの位が）下とみられると勘違いをしているからで

はないでしょうか。挨拶をしないで（頭を下げないで）いるのが相手より偉いと思い違いをしているのです。同じ一生を生きていく上で，相手との摩擦を生み出すような姿勢や態度を取っていくことは，その人の人生にとってマイナスにしかなりません。何とも可哀そうなことだとは思いませんか。日常生活の基本的な言葉「ありがとう（ございます）」「すみません［申し訳ありません］」などと状況に応じて言葉を発するだけのことです。人として生きていく上での基本的な礼節が理解できていない，あるいはできないのは残念なことです。

　次に，節度について話します。「節度をもって行動しなさい」などと使用されます。節度は日常生活において，きちんとした節目がある姿勢を持っていることです。人と接する場合，言葉にしても行動にしても，相手を不快にさせない程度の範囲内で言動することが必要です。よりよい人間関係を保つには，常にこの節度を持って生きていくことが大切です。人間は感情の動物ですから，その範囲を超えかかることがあるかと思いますが，その時こそ自分を律して節度を保つように努める必要があるでしょう。

　人と人がスムーズに人間関係を築くためには，先ほども述べましたように，挨拶が基本中の基本です。それができない人は，人の上に立って教育をしたり指導したりすることは不可能でしょう。なぜなら周囲の人から信頼を得ることができないからです。信頼を得ることができない教師は，周囲の人と協力して様々な分掌や学校体制の中でやっていくことは難しいと考えます。やはり，人としての礼節は，教師になる前に知っておくべきことでしょう。そうでない教師は，教師として教壇に立ちながら，礼節を知ることを指導をされる必要があることになります。本来であれば，教壇に立つ前にそのような指導を受けておくべきでしょう。その結果，どの程度その教師が変容するかはわかりません。しかし，仮にも教師は生徒の前に立って人を育成していく必要があるのです。若い人たちに教育を施す立場であるが故，その責任は非常に大きいものがあります。人として生きていく上で不可欠な礼

節，そのことを教師は身を以て目の前の生徒に示す必要があります。

信頼される教師（英語力）

　教師と生徒の間に信頼関係がないと，そもそも教育は成り立ちません。「あの先生についていけば大丈夫だ」，という意識を持ってもらえているかどうかは重要です。それは教育の根本であり，様々な場面で言えることでしょう。教師という仕事については，詳細に後述しますが，教科指導のみならず，クラス担任として，クラブ顧問として，校務分掌の一員として，生徒と接することになり，仕事は多岐にわたります。英語教師として信頼されるには，様々な場面で生徒から尊敬の念を抱かれる必要があります。例えば，英語教師としての英語力，教科の指導力，それに人間力です。

　ここでは，英語力の観点からのみ述べていきましょう。一般的に教師も一人間ですから，母国語でない英語に対して完璧であることは不可能です。それでも生徒から見て，「あの先生のように英語が使えたら，話せたらいいのに・・・」という気持ちを抱かせる程度には英語力をつけておきたいものです。たとえ生徒が思う領域に十分達していないにしても，日々努力・精進していくことが肝要です。その姿を生徒に見せていくことも，信頼される教師になり得る一要素と考えます。

　具体的には，英語の語彙力，リスニング力，スピーキング力などでしょう。英語の授業に特化してみると，英語を発信する力，とりわけスピーキング力（英語の発音や話す力）が重要な位置を占めるでしょう。確かに，生徒の前に立って英語を教える際に，生徒から見て明らかにインパクトが強いのは，教師の発音やインタラクションをする会話力です。これは一朝一夕には上達しにくいものがあります。筆者は，今も日々努力を重ねて発音の練習や会話力の向上に努めていますが，若いころには，英会話学校等に通ってネイティブスピーカーから個人指導をしてもらった経験もあります。発音に関しては，自分では分かりにくい部分もありますので，信頼できる人から指導を受けるのが最善

でしょう。しかし，現実には仕事上そう簡単にはいかないところもあります。

そこで，一人で発音の向上を目指す方法を模索する必要があります。一つは，自分の声を録音して聞いてチェックする方法です。昔はテープレコーダーに録音して，自分で聞いて発音の向上に努めたものです。しかし，時代は変わり，今はスピーキング力（発音）を向上させるための様々なソフトウェアも開発されています。インターネットで検索してみるといくつかヒットします。それを使用して，ネイティブスピーカーの発音と聞き比べ，何度も練習し録音し発音の上達を図ることができます。筆者が試みた中で楽しく向上させられたソフトウェアがあります。その手順は以下のとおりです。

1）ネイティブスピーカーの発音をよく（何度も）聞く。
2）それを真似るように練習を繰り返す。
3）自分の声を録音する。
4）その後，自分の発音の点数が画面に表示される。
5）その点数を見て，（よくない場合）自分を鼓舞させ，再度チャレンジする。

例えば，70点の点数が出たとしましょう。「ああ，70点かあ，もう少し上手になって点数を挙げよう」という意欲がわいてくるのです。そのソフトは単語だけではなく，英文や語句でも録音して採点してくれるので，やる気が大いに高まります。つまり，発音の中でもイントネーション等にも注意をして練習ができるのです。先ほど述べたように，楽しみながら一人で練習し発音を向上させようと思う人には最適でしょう。

英語の会話力を向上させようと思えば，英語で話すのが一番でしょう。最近はスカイプなどを使用して海外の人と会話を楽しむ時代です。それなりに費用はかかりますが，英語力上達には代え難いものがあります。いつでも英語で話す相手がいる場合，問題はありません。今は

インターネットを通して相手との会話を楽しむ時代です。それを使わない手はありません。大いに活用し，教師として自らの英語会話力の更なる向上を図っていきましょう。

明朗・快活な教師

　教師は明朗・快活である方がよい。教師がいつも暗い顔をしていて，生徒が明るくなれずはずがありません。教師が快活でなくして，生徒が元気になれるはずはありません。これは子育てをする親と同じです。特に子育ての場合，親の在り方が重要と言えるでしょう。つまり，その親がどのような表情をして子どもと接しているかが問われます。子どもが機嫌のよいとき，当然親は誰でも自然と明るい顔で接することはできます。問題は，子どもの機嫌がよくないときです。そんな時に親として冷静に接することができるかどうかが問われます。子どもの機嫌がよくないのですから，単純に親が笑顔で接することはできません。そのような時に子どもをうまく宥め，子どもの気持ちを察して言葉巧みに，そして笑顔で興味・関心が湧く話にもっていくなど，工夫が必要でしょう。教師という仕事の場合も然りです。明るい表情で生徒と接することが重要です。

　朝，生徒に会ったとき，少し笑顔で「おはよう」と声をかけて気分を晴れやかにしていくのもいいでしょう。授業の最初にちょっとした笑顔の出る話をして，英語学習をする前の準備として心を和ますのもいいでしょう。それが難しいようであれば，「今日も元気に頑張ろう！」のような雰囲気を教師が身体全体で醸し出すような姿勢と言葉を発することが必要です。例えば，ひときわ大きな声を出して「Are you ready, everyone? OK? Let's get going! Let's go into the English world!」などと英語で叫んでじっとクラス全体を眺めて（生徒一人一人の顔をしっかりと見つめて），ぐいと生徒の心を引き込んで授業を開始するのもいいでしょう。

　どんな方法にせよ，生徒の気分を少しでも高揚させ，学習に取り組

ませていくことが重要です。たとえ、それが教師の「空元気」と言われそうなものであってもかまいません。その「空元気」が本気に変わっていきます。そのような言葉を発し、快活な様子を表に出していれば、教師自身もそのようになっていき、生徒も徐々に乗ってくるものです。元気な教師の方が、気分が高まっていくのは当然です。ご存知のように、小さな声で陰鬱な雰囲気を出す教師が、生徒の学習意欲を高められるはずもありません。だからこそ、教師は明るく快活で、しかも元気な姿で生徒の前に立たなくてはならないのです。もしあなたがそのようなことをあまり意識したことがないなら、今日からあるいは明日からそれを意識して行動してみてください。そのためには、まず「生徒から見て、自分は明朗で快活な教師に見えているだろうか？」と自問する必要があります。もし、自分がどちらかと言えば「No」と答えを出さざるを得ない教師と判断するならば、そのことを意識してください。その自省をする気持ちが、意識的に明るい元気な教師を目指そうとする出発点になるからです。筆者が学生によく言った言葉を紹介します。それは「気づいた時がスタートライン！」です。今そのことに気付いたなら、その時がスタートなのです。それを行動に移すように努めることが大切なのです。

勇気を与えられる教師

　生徒に（勉強に向けて行動する）勇気を与えることは、容易なことではありません。生徒一人ひとり、個性があり、性格も異なるので、一朝一夕にこの方法なら生徒に必ず勇気を与えることができるという王道と言えるものはないでしょう。ただ、ここでいう「勇気を与えられる教師」とはどんなことを意味するのでしょうか。最初に述べた「勉強に向けて行動する勇気」だけなのでしょうか。つまり、最初の「勇気」の前にどんな言葉が来るのかによって異なります。例えば、「（日々の）英語の勉強に対する勇気」なのか、それとも「（英語授業内での）質問をする勇気」「（自分の考えを）述べる勇気」なのか、もっと言え

ば「(英語を通して)生きる勇気」なのか，など「〇〇勇気」という言葉の前に来る語句が何なのかによって，記述する内容が異なってきます。

　まず，あくまで教師という職業上，学校生活において授業で学ぶ側の生徒に対して勇気を与えるとは，自分の意見を人前で述べることができるとか，質問や疑問がある時に，その場で教師に尋ねることができる等々の「積極的な姿勢」という意味合いが基本的に考えられます。つまり，授業中や学校生活において生徒を勇気づけられる教師のことです。授業外であれば，クラブ活動中にチャレンジしようとする姿勢を持たせるとか，進路を考えていく上では，将来の進むべき道について可能な限り妥協をするのではなく，チャレンジしていこうとする勇気を持たせることなども範疇に入るでしょう。

　英語授業以外の場面においても，教師は学校内での生徒たちの様子に敏感でいる必要があります。ある生徒が何かに落胆して元気がないとか，様子が少し変だという異変に，まず教師が気付かないといけません。その「気づき」があれば，次の行動に出ることが可能です。次に，「勇気づけ」をする際には，生徒の話を聞くことが基本です。何が問題なのか，どんな悩みを抱えているのかなど，該当の生徒から話を聞き出すことができれば，何らかの助言などが可能です。「どうしたの？何かあったの？先生に言えることなら言ってみて？」など，生徒が心を開いてくれそうな姿勢を示すことが大切でしょう。例えば，ある生徒が将来の進路のことで悩んでいる場合，該当の生徒の気持ちをしっかりと聞くことが大切です。まず，聞き役に徹するのです。教師の方からは頷きや発言を促す言葉を出すくらいでよいでしょう。「なるほどね，それで？」など，教師の側からは，まとまった言葉は必要ありません。一通り生徒が話し終わったと思えた所から，教師の本格的な出番となります。つまり，教師の方からの聞き返しや発言の場となるのです。

　「それで今は何が一番したいと思ってるの？」「今は何になりたいと

第 1 章　（英語）教師とは？

思ってるの？」「将来の道に向けてすべきことを整理してみたらどう？」などと，その生徒に尋ねてみるのもよいでしょう。

　上記したどの場合も，結局教師の側から言えば，生徒への声かけ・アドバイスが基本になります。先ほど述べたように，個々の生徒に応じた対応をする必要があります。そのためには，日ごろから生徒の状況や性格などを十分把握しておく必要もあるでしょう。そのうえで，個に応じた対応が求められます。確かに「It's easier said than done.」です。このセクションの「勇気づけ」をしていく上では，教師の柔軟な対応も求められます。教師が「声かけ」をし，アドバイスをしながら，学業，その他の活動等に向けて生徒への「勇気づけ」を積極的にしていくことが肝要でしょう。

感動を与えられる教師

　感動を与えることのできる教師となるのは，かなりレベルの高いものがあります。一言に「感動を与える」と言っても，様々な側面があるからです。生徒一人ひとりが異なっていて，個々の学習者に合わせた対応が必要なこともその難しさの度合いを高めていると言えるでしょう。つまり，一教室の生徒たちに教える場合，そこにいる全ての生徒の心に訴えることは不可能に近いので，一人でも多くの生徒が授業内容等に感動してくれれば成功と言えるでしょう。そのように考えて教壇に立つことが肝心です。それでは一体，どんなことで生徒に感動を与えられるでしょうか。まず，英語教師であるからには教える側の英語（指導），つまり英語そのものに関わる感動があるでしょう。例えば，教師の英語の発音・英語の流暢さ・英語授業内容などです。英語以外の側面では，教師の生き様・一人間としての考え方などです。

　まず，前者の英語教育に関わる観点について述べてみましょう。教師の英語の発音に関して，きれいな発音，つまり日本語訛りでない発音ができる教師は，生徒にとって尊敬に値する，学習者にとってあこがれともいえる存在となります。「○○先生のようにきれいな発音が

できるようになりたい」などと言われるような存在になれば，たいしたものです。そのためには，日々精進していくことが必要です。ネイティブの発する英語をしっかり耳から入れて，発音を真似たり，時に不確かなところは外国人に発音方法を尋ねて学び，自らその発音ができるように努力していくことが肝要です。毎日ラジオ，テレビやインターネットを通して英語番組などを聞き，それを自分なりに真似ることから始めるのです。機会があれば，外国人の先生に発音をチェックしてもらうのもよいでしょう。筆者は30代前半，英会話学校に通い，アメリカ人の先生から個別指導（one-on-one teaching）を通して英語，特に発音を学びました。それなりの投資は必要ですが，そこから得られるものは多いと思います。そうすることで，徐々に英語の発音に対する自信が芽生えてくることでしょう。その結果，生徒からプラスの発言（褒め言葉）をもらうようにもなります。手前みそながら，筆者もアンケートを取っていると，筆者の英語の発音に関して学習者から褒め言葉をもらうようになりました。特に，大学に勤務し始めてからは，学生以外の人に英語を教える機会もあり，事後アンケートで社会人の方からの発音の高評価（例えば，「先生のような発音になれるように頑張ります」など）を得たこともあります。これは，本当に自信になります。

　また，英語の流暢さに関しても，発音の時と同様，日々耳から入れたり，目から入れたりして様々な英語表現を自分のものにする必要があります。そして，実際に修得した表現を使用できるところまでいくのがベストです。独り言を言って表現していくのも，かなり効果があります。視覚的情報や頭の中に想起したことを英語で表現してみましょう。最初は，詰まって口から思うような英語が出なくてもかまいません。徐々に英語で表現することが上手になっていくことでしょう。それによって，発音の時と同様に，徐々に生徒の前で話す英語に自信が深まってくるものです。その結果，生徒が教師の英語に対する感動の気持ちを持つようになるのです。

更には，授業内容でも何らかの感動を与えるために，心に訴える内容を提示することも一つの方法でしょう。後述する内容でもありますが，教師自身の英語を通した海外体験談は，学習者に感動を与えうる格好の教材であると考えます。そのような工夫をしていくのが教師であり，そうすることで感動を与える教師になれるのです。この内容に関しては，後程詳細に述べます。

後者の「人間としての生き方」に関わっては，教師自らの経験や追体験したことが大きく影響すると考えます。追体験に関しては，ある人（有名人）の伝記などを読んだり，ノンフィクション映画を見たりして，まずその人の生涯を知ります。そこで得た知識を基に，授業の中で話して聞かせます。例えば，マイケル・J・フォックスという映画俳優がいましたが，彼の著書等を活用して，その人となり・生き様を紹介したりするのも方法でしょう。

> このことについては，演習編「やる気にさせる工夫」で考えてみましょう！

教師の原点を念頭に置く教師

「初心忘れるべからず」という言葉があります。教師という仕事を続けていると，徐々に自分が若い頃志した「教師という職業に就こう」という気持ちを見失いがちになります。それは日々の種々雑多な業務に追われ続けるからです。英語教師である限り，生徒に英語を教えることは当然のことで，その前の授業準備に多くの時間がかかります。また，英語指導ばかりでなく，教師は学校組織の中で様々なことをする必要があります。組織ですから，各自が役割分担を持って学校の様々な活動に貢献していく必要があります。例えば，校務分掌で言えば，生徒指導，進路指導，生徒会活動などがそれに当たります。生徒指導は一番多忙な分掌で，生徒の生活全般に関わる仕事です。一度何か問題が起こると，それに対処するためにかなりの時間と労力を費やしま

す。また，担任になれば，より一層仕事の負担は増えます。常日頃のホームルームにおける伝達事項，生徒との関わりもあるでしょうし，一人ひとりとの面談をしたりすることもあります。生活面で問題が起これば，すぐに担任が先頭を切ってそれに対処しなくてはなりません。他の仕事としては，クラブ活動が挙げられます。どれかのクラブ（文化系か体育系）の顧問として所属する必要があります。このように列挙しただけでも膨大な仕事量です。

　上記した仕事を来る日も来る日も続けていると，初心を忘れてしまうのは，ある意味当然かもしれません。そのうちに自分を見失い，やる気をなくしてくる教師もいます。「サラリーマン教師」という言葉が流行った時がありましたが，そのようになる人もいます。また，いろんなストレスから最悪の場合，病的になり，うつ病になる人も出てきます。ただ給料を貰えさえすればよいという人になってしまいます。そうなれば，教師という職業の重要性を認識できない教師となる可能性が高くなります。そうならないためにも，時には自分を振り返り，「教師になろうとした原点」を思い起こすことが必要となります。「何故，教師を志したのだろう」「何故，教師になったのだろう」という問いをもう一度自分に投げかけていくのです。筆者の場合，英語が好きだというのもありましたが，生徒（人間）の成長に関わる仕事に就きたいという思いから教師を志しました。お金のためだけに働くというのは，当時は何か空しいものを感じていました。人間としての成長に関わる，生徒の成長の手助けをして，一人の人間として関わりを持ちたい，という気持ちが強かったように思います。その意味では，教師という仕事はとても重要な仕事だと思います。一人の人生を左右することにも繋がることがあるからです。「あの時先生から言われた一言で，この道を選んだ」，あるいは「先生のような人になりたいから，今の道を選んだ」，などという話を聞くことがあります。つまり，教師という仕事は（生徒の）人生を大きく左右する仕事であるが故，やりがいもあるし，とても責任のある重要な仕事であります。日々の多忙な

仕事に追われ続けていると，とかく忘れがちになる教師という職業の重要性を再認識するためにも，時には自らが教師となった原点を思い起こし，そこに立ち返り，これからの教師生活を充実したものにできるように努力・精進をしていくことが大切でしょう。

人の生き方を語れる教師

　生徒たちに英語を通して人生を語ることのできる教師が，理想の教師像の一人ではないでしょうか。これは一朝一夕に可能なことではありません。当然人生経験も必要でしょうし，様々な書物や周囲の人たちの話などを通して，自らの人生の肥やしとしていく必要があります。つまり，自らの人生経験と周りからの知識の２つに分けられます。教師にとっては，日々の経験や読書などが語れる中身となっていくのです。周囲の教師などから仕事や生き様の話を耳にし，また様々な人生本を読むことで，自らの人生の中へ咀嚼をしていきます。それが自分のものになるかどうかは本人次第です。とにかく耳や目を通して自分の知識の一端にしておきます。そののち取捨選択をすればいいのです。最初から役に立たない話だと思い込んではいけません。思い込みは，自らの人生を花開かせる，また人生の肥やしにする障害となるでしょう。そのことによって自らの人生の幅を狭め，語る内容も広がりがなくなり，陳腐なものになりかねません。結局は生徒に語る内容が狭められ，生徒へのインパクトがないものとなる可能性があります。

　一方で，人生にとって成功例のようなものばかりでなく，失敗談なども大事な知識として取り入れていく必要もあります。ネガティブな考え方や生き様に関する知識を得た時は，考え方を転換して，反面教師になればよいのです。このような考え方であれば，こうなるから，その逆のやり方，生き方をすればよいのだと考えるのです。それを生徒に伝えることは可能でしょう。とはいっても，やはり人生を前向きに生きている人，逆境にあっても果敢に突き進んでいる人の人生を語るに越したことはありません。そのためにもアンテナを広げて，心に

訴える役立つ知識をより多く獲得することが必要でしょう。それを教師が熱く語ることによって，その話を聞いた生徒の心を揺さぶることができると考えます。しかし，過度な期待をしてはいけません。授業と同じで，前向きな人生を生きている人の話をしたからといって，即生徒全員の心に届くわけではありません。若い時は特に目の前のことに目が注がれがちです。これから長い人生を生きていく上で，先の話が彼ら彼女らの心に強く響くとは限りません。その話が一人でも二人でも生徒の心に響き，自分の人生を考える契機になれば幸いです。中には，その話で自らの人生をより真剣に考え，生き方をガラッと変えてみようとする生徒がいるかもしれません。その時は教師が語った話が大成功であったと言えるでしょう。

　前向きな姿勢を持って人生を歩もうとする具体的な一例として，私がよく取り上げるのが福山雅治さんです。彼は今では歌手として俳優として大活躍をしています。割と若い人もよく知っている人物なので，折に触れ彼を引き合いに出して，人生の生き方の話をします。いろんな展開の仕方があるかもしれませんが，ここで展開（提示）の仕方について考えてみましょう。質問です。

> 上記した福山雅治さんを例にとって，英語で授業展開するとしたら，あなたならどのような展開をしますか？計画案を考えてください。
> ⇒演習編「人の生き方を語ろう」へ進みましょう。

情熱のある教師

　「情熱のある教師とはどんな教師でしょうか」と聞かれたら，あなたはどのように答えますか。その答えは教師が置かれている状況や遭遇する場面で異なり，個々の教師の考え方によっても異なるものかもしれません。しかし，情熱（Passion）がある教師というのは，誰が見ても生き生きと仕事（活動）している人ではないでしょうか。その教師の内なる情熱が外に発する時に出てくるものを，誰しもが感じとる

ことができると思います。歩き方ひとつをとっても，情熱を持った人はオーラのようなものを出しながら颯爽と歩いているでしょう。情熱のある人は，どんな職業であれ，努力を惜しまず活気に満ちた生活を送っています。それはその仕事に対する「やる気」「覇気」が違うからです。成功したと言われる人たちは，この情熱がひときわ際立っていると思います。その一人として，エイブラハム・リンカーンがいます。彼は自分の周りにあまりよくないことが起こった場合も，その起こった出来事を前向きにとらえ，その経験を基に次のステップに進もうとする人でした。不遇な家に生まれ，彼は無名で貧乏で無力な人でした。生涯何度も苦難に遭い，何度選挙に出ても落選続き，何度も挫折したにもかかわらず，それらを乗り越えて，ついには第16代アメリカ大統領になった情熱の男です。人生に起こる出来事はすべて経験であり，経験は学習，次への情熱と考えていました。リンカーンを見れば，「人生は情熱でできている」と言っても過言ではないでしょう。

　このように情熱があれば，苦難も乗り越えていくことが可能なのです。教師にも様々な苦難が待ち構えています。それを乗り越えるためにも，常に情熱をもって教師という職業を務めていきたいものです。情熱のある教師は，日常の仕事に向き合う姿勢が違います。生き生きとして何事にも一生懸命に取り組む姿勢を持ち，これから教師として教壇に立つのだという強い思いが周囲に伝わってきます。

　そうはいっても，現実問題として口で言うほど簡単なことではありません（Easier said than done.）。教科指導以外のことでも，日々生徒に関係する出来事が目まぐるしく起こり，学校内の校務分掌上の多忙なペーパーワークなどもこなしていかなくてはなりません。つまり，目の前の生徒のこと，学校内の業務のことなど，際限がないほどの仕事量です。教師も完璧な人間ではありません。それを十分に理解したうえで，自分にできることを最大限にすることが肝要でしょう。たとえば，目の前の生徒の悩みに対応する際には，自分の人生経験を多少なりとも照らし合わせながら，それなりのアドバイスをする必要があ

ります。どんな言葉かけをしていったらよいのか，どんな対応をしていくのが最善なのか，その場その場で一生懸命考え，対処していくことが大切です。その意味では，情熱ある教師とは，人生経験豊かで人間性に満ち溢れた教師とも言えます。このように，目の前のことに常に全力で取り組んでいく教師こそ，情熱のある教師の重要な要素と言えるでしょう。

　教育（特に授業）という観点で見ると，情熱のある教師は，今から起きてくるだろうこと・すでに起きたことなど様々なことを考え，教育に臨む教師でもあります。もっと言えば，情熱のある教師は，教えることの本当の意味をしっかり自覚している教師だと言えます。教師の仕事は，人間が様々な活動をしていく上で，より豊かな人生，より幸福な人生を歩むために，過去から現在に至るまで長い歴史の中で培ってきた英知などを伝えていく重要な仕事でもあります。そのことを踏まえて，教師は教壇に立ち，生徒たちを導いていかなくてはなりません。そのためには，先に述べたように教え子のために努力を惜しまない，情熱に満ち溢れた教師でないと，それを生徒に伝えていくことは難しいでしょう。

信念のある教師

　教師とは生徒の人生に影響を与えうる重要な仕事であることは随所で述べてきました。その自覚のもとに，教師は日々の実践活動の中で，生徒と対話をし，行動で示す必要があります。その間，当然のことですが，楽しいことばかりでなく，苦難をも経験していきます。それによって教師自身も人間的に成長し，より認められる教師となっていくのだと信じます。当然，直面する問題にもよりますが，教師として生徒に対しては毅然とした姿勢で接することが常日頃必要とされると考えます。

　具体的な筆者の経験を少し述べますと，教師生活で最初の苦難は，臨時採用教員として勤めていた時のことです。かなり荒れた学校で，

第1章 （英語）教師とは？

　ある時，授業が終了して英語準備室に帰る途中，廊下でたまたま生活指導上問題のあるグループの一人がタバコを吸っているのを見かけました。数人がたむろしていた状況で，その中の中核的な一人が吸っていました。教師として問題行動に対しては厳しく対処すべきという正義感が沸き起こってきました。それを見つけるや否や，「たばこを吸うなよ！」と言って，吸ったタバコを取り上げたのです。その時，持っていたタバコケースも取り上げたのです。通り過ぎようとしたとき，当該生徒が「返せや！」と言いながら，筆者の胸ぐらを掴んできたのです。筆者も若かったので，「やるんか？」と言い返して，相手の胸ぐらを掴みました。その瞬間「殴られるかも・・・」という思いが過りましたが，グループの一人が「やめー，やめー」と言って仲裁に入り，事無きを得ました。お互いに手を離し，私は（タバコを返すのは問題があるのですが）その場で「後で取りに来いよ！」と捨て台詞のような言葉を言いながら，足早にその場を去りました。心の中は安堵感で一杯でした。

　その後もいろいろと事件は起こりましたが，その時の毅然たる態度はその後の教師生活をしていく上で，筆者の教師としてのある種の指針のようなものにはなっています。タバコを吸っているのを見た瞬間，（グループでいるので少し怖いという気持ちが起こり）それを見て見ぬふりをすることもできたでしょう。しかし，自分が教師である，というある意味崇高な自覚が，その感情を超えて，あのような行動を導いたのだと思います。どんな状況であっても，間違った行動については（生徒を）注意し，毅然とした態度を示せたことは，それ以来教師としての筆者の核となり，誇りとなっているように思います。そのことが自らの教師人生を充実したものにしていくでしょうし，当該生徒も，その時のことを記憶にとどめて人生を歩んでいくのではないかと（期待を込めて）思っています。

　このように，教師としての信念を持って仕事をしていくことで，教師という仕事がさらに充実したものになると信じます。それが卒業後

の彼ら彼女らの人生に少なからずよい影響を与えるだろうと思っています。そう信じてこそ，周囲からより信頼される教師となり，信念ある教師として務まっていくのではないかと考えます。

第2章 TEACHERS' ATTITUDES

（英語）教師としての心がけ

教えることは学ぶこと

　英語教師である限りは，常に生徒の手本となるべき姿を持ち合わせている必要があります。生徒から「○○先生のようになりたい。あの先生のように英語を話したい」などという言葉が出てくるように，常日頃から自己研鑽に努める必要があります。それによって，生徒が英語学習のモティベーションを上げていくことに繋がると考えます。

　具体的に，英語教師は一体何をすべきなのでしょうか。言うまでもなく，第一は，英語力の向上に努めるのです。生徒に「英語の勉強をしなさい」という限りは，英語教師自身がそれに応え得るような教師でなくてはなりません。つまり，日常的に英語に触れて英語力向上に努力していくことです。英語力向上，向上と言っても具体的に何をすべきなのでしょうか。それは枚挙に暇がありません。まず，英語で書かれた原書を読むことがあげられます。これはかなりハードルが高くなりますが，挑戦する価値は十分あると考えます。語彙力増強にも有効ですし，その結果が英語発信力に大きく貢献するからです。たとえば，映画で人気をあげた作品の原書を購入して，それを読むのも方法です。内容があらかた理解できていると，原書も読みやすいものです。確かに，その内容が多少原書と映画では異なる場合がありますが，読みやすさには変わりはありません。あるいは，リスニング向上のために有名人のインタビューの雑誌を購入して，それを聞いてみるのもよい方法でしょう。ラジオ英会話などのNHKの英語番組を聞いて学習

し，時には録音し生徒に聞かせるのもよいと考えます。

　さらには，好きな洋画のDVDを購入して，まずリスニング練習をしながら洋画を見るのもよいと考えます。次に，洋画を鑑賞したあと，スピーキング練習をするのです。その洋画の中で好きな場面のトラックに合わせて，その洋画の主演男優・女優になりきって，英語スピーキングの練習をするのです。これは，その洋画が好きという点で，あなたの脳がすでに英語モードになっているために，その場面の練習をすればするほど，スピーキング力が向上することは間違いありません。主演になりきって繰り返し練習することで，その俳優のセリフを諳んじることになり，実際のコミュニケーションをする際にも役立つと考えます。また，英語の歌で楽しみながら英語力向上も可能でしょう。好きな英語の歌を選択して，まずは歌手の英語の発音をしっかり聞いてみます。そのあと，その歌詞を見ながら自分で大きな声を出して歌ってみるのです。何度かそれを繰り返した後，歌詞を見ないで歌えるようにします。英語の歌は英語授業の中でも活用が可能です。歌の影響は非常に大きいものがあります。

　また，マルチメディアなどの機器を使用しないで，自分で工夫して英語力向上に努めることも可能です。お気に入りの表現を手帳などに抜き書きして，覚えるようにすることもそのひとつです。筆者自身も好きな表現があった場合，手持ちの手帳に記入するようにしています。英語でコミュニケーションをとる時に役立つと判断した表現であれば何でもよいでしょう。小まめに自分の表現の幅を広げていく努力も必要です。最近手に入れた表現では，ラジオ英会話からの表現ですが，「That smarts!」という語句があります。「ひりひりする」という意味ですが，知っていない限り，即座にその意味の表現は出てこないでしょう。また，運動しながら（歩きながら）英語表現を言ってみたり，数を数えて発音練習をしてみたり，スピーキング練習はどこでも可能です。もう一つ，お勧めなのが早口言葉です。自分で一息3回とか5回とか決めて，気に入った表現を繰り返すのです。発音練習になるし，

その気入った表現も覚えられるし，一石二鳥です。但し，必ず最初は丁寧に発音しなくてなりません。早口言葉だから早ければよい，という考えでは，発音の向上には繋がりません。いずれにしても，教師自身が自分で工夫して，英語力向上に努めることが肝要です。そのことについて生徒が相談に乗ってきたときや，授業中に機会があれば，生徒に伝えることも大切なことだと考えます。

夜寝る前はプラスのイメージで快眠

　教師という仕事は，生徒の人生の一時期に多面的に関わる重要な仕事です。したがって，多忙を極めるというのは言うまでもありません。特に，生徒指導に関しては，昼夜なく該当生徒やその保護者に関わることを余儀なくされることがあります。それは好むと好まざるとに関わらず，該当生徒の担任や，生徒指導という校内分掌に所属していると，義務として行わなくてはいけません。そんな日々の中で，自宅に疲れて帰ったあとも，そのことを引きずっていてはいけないのです。その翌日に教師として生徒に元気な姿を見せるためにも，切り替えが必要です。

　そのためには，その日起こった嫌なことなどを心の中に溜め込まないのも一つの方法です。周囲の人と語ったりして，ストレスの発散をすることが必要です。そして，もっと必要なことはベッドに横になった時，いつまでも心の中でネガティブなイメージを抱かないようにすることです。消灯後もよくないことを頭の中で繰り返していることがありませんか。性格だから仕方がないと思うことは禁物です。全ては心の持ちようです。特に，その日悩ましい出来事があった場合，引きずりやすいものですが，就寝する時には，あえてプラスのイメージを植え付けていたいものです。言い換えれば，楽天的になるということです。「Tomorrow is another day.」（明日は明日の風が吹く）という言葉がありますが，それくらいの気持ちで少しリラックスするようにして，プラスのこと（良いこと）を頭に描いて床に就くようにするのです。

良いことだけを頭に描くことによって，脳の中がすっきりよい方向に向かっていきます。さらには，口からプラスの言葉を出すようにすることも，身体にストレスを溜めない有効な方法です。

　たとえば，クラスの中で生徒指導上問題のある生徒が問題行動をしてしまったとしましょう。その子が素直でなく，やったことに対して言い逃れをしていく傾向があり，悩ましい状況がある場合には，教師は気に病む傾向があります。その晩は，嫌なことばかり考えやすくなるでしょう。しかし，先ほど言ったように，「Tomorrow is another day.」という気分で，「何とかなるさ，明日はまた新しい日が来るから元気出せ，明日は解決するさ！」と心の中で考えて，「大丈夫！OK. That'll be fine. Everything is OK.」と言葉に出して言ったり，「今日はこんないいことがあったなあ。明日はもっといい日にしよう！」などと，プラスのイメージを頭に浮かべて，別のいい出来事を頭に描くのも得策です。口に出す内容として，賢人や著名人の言葉（警句）の力を借りるのもプラス思考に持っていくよい方法でしょう。

　つまり，考えても仕方のないことは考えないのです。悪い方向に考えても仕方がありません。先のことはどうなるかはわからないのです。まさに「God knows!（神のみぞ知る！）」です。どっちみち考えるなら，前向きによいことを考えた方が，精神的にも肉体的にも，あなたにとってはプラスです。悪い方に考えて身体に悪いダメージを与えるより，よい方向に考えて少しでも健康的な時間を過ごす方がよいでしょう。

　ネガティブに思いをめぐらす傾向のある人は，今日から自分の考え方をできる限りポジティブに変えるようにしてみましょう。悩み事があっても，嫌なことがあっても，プラス思考（Think positive）でいきましょう！

周囲の人たちへの感謝をもって！

　今，あなた自身が教師として勤めていられるのは，あなた一人の力ではないのはお分かりだと思います。確かに小学校から今まで教育を

第2章 （英語）教師としての心がけ

受けてきた中，様々な試験，教員採用試験など節目，節目でのあなたの努力は相当なものがあったでしょう。しかし，教育を受けてきた間も，あなたの前には教師が存在していたのです。あなたを育ててくれた親が存在していました。また，友人やその他周囲の多くの人々の関わりがあって，今のあなたを形成していると言えるでしょう。つまり，自分の努力・精進だけではなく周囲の人々のおかげで，今のあなたがあるのです。その意味では，周囲の人たちへの感謝の念を忘れてはいけません。とかく「自分が努力したから，ここまで来た」「自分の力だ」などと思いがちです。しかし，それはすべてではないことを改めて認識すべきです。親からの深い愛情，あなたに関わってきた多くの教師の指導などによって，今のあなたがあるのです。

　たとえば，教師という存在を例に取ってみましょう。過去を振り返ってみてみると，小学校から高校までどんな教師に出逢っていますか。良い思い出ばかりではないとは思いますが，今のあなたに影響を与え，教師としての基盤を築いてくれた教師の存在があるのではないでしょうか。筆者も同じです。過去に多くの教師と出逢い，少なからず影響を与えられたことは言うまでもありません。出逢った多くの教師からも，一人間として生きるための様々なこと，社会的なルールや重要な知識などを学んできました。筆者の中で印象深く脳裏に残っている先生が何人かいます。

　小学校では，6年間の中で3年間も担任を持っていただいた高橋先生です。別の項で記載したことですが，掃除の時間に褒められたこと，それから6年生でアフリカの地理を調べて発表した時に，他の生徒は発表の長さに飽き飽きしていたかもしれませんが，先生は「よく調べたねえ」と褒めてくださいました。教師が生徒に言う当たり前の言葉なのですが，筆者にはとても印象深かったのです。褒めることって大事ですね。

　中学校では英語の授業の時に，その当時めったに会うことのない外国人を授業に連れてきてくれた英語の山内先生です。別の項でこれも

記載しています。高校では，英語の指導熱心な藤井先生です。先生には教師になってからも同僚として様々なアドバイスをもらいました。特に，その先生は常々筆者に「これからは（英語教師には）英語を話す・聞くが大切な時代になってくるよ。しっかり勉強しておかないとね！」と言われたのを今でもはっきりと覚えています。それを聞いた筆者は，それ以来実践的な英語力を培うために英会話学校に通ったりし始めました。

　このような先生方のおかげで筆者は自分を鼓舞し，教育力の向上に努め，英語力を伸長させることができたと信じています。自分ひとりの力ではありません。現在の筆者があるのは，筆者に関わってくださった多くの人たちのおかげであります。本当に感謝の念でいっぱいです。

　常に感謝の気持ちを持って教壇に立つことは本当に重要だと考えます。それがある意味，教育の原点にもなりうると考えます。そのような気持ちを常に持って生徒を指導し，教育に専念していると，日々の教育実践の中でその心情（思い）が自然に教師の言動からほとばしり出てくることは間違いありません。人間誰しも，周囲の人たちに育まれ，この地球上に生かされているのです。そのことに気づくことが大切です。この感謝の気持ちを常に抱いて教育活動を実践していくことが，よりよい教育に繋がると信じます。あなたは周囲の人たちに対して，どれだけ感謝の念を抱いて生活し，教壇に立っていますか。

学習者の悩みに耳を傾けよう！

　学習者はそれぞれ様々な悩みを抱えています。それが大きなものであるか，小さなものであるかは別にして。その学習者の悩みに真摯に耳を傾けて，少しでも解決の方向に持っていくのも教師の役目です。英語教師にとって英語力をつけていくことに関する相談は多いものです。特に，英語発信力の向上に関わる質問を多く受ける傾向があります。英語を発信する力に関する質問といっても，とかく学習者が尋ねてくるのは，「話す力をつけたいのですが，どうしたらよいでしょうか」

第2章 （英語）教師としての心がけ

などという技能向上の質問です。当然，中・上級の学習者となると，そのような単純な質問ではなく，具体的な英語（具体例）を提示して尋ねてくる場合もあります。単純な質問だからといって，答えが単純というわけではありません。当然のことですが，スピーキング力を向上させると言っても，レベルによって異なります。その学習者のレベルに応じて何が必要なのかを教師は判断していく必要があります。スピーキング力といっても，口頭で英語を言えればよいというものではなく，語彙力・文法力等の技能が複雑に絡み合っていますので，その学習者にとって的確な助言が必要となるのは言うまでもないことです。ただ，技能が不足しているのなら，それを伸長する学習をすればよいのですが，学習者の情意面が関わることなら，（例．学習不安，発話不安，自信の喪失，やる気の減退など）その辺の話を，教師自身の経験を踏まえながら，学習者を勇気づけられるアドバイスをすることが必要となるでしょう。

　ある時海外留学から帰国した生徒から相談を受けました。それは，「帰国後，英語力が落ちていくのが不安なのですが，どうしたらよいでしょうか」というものです。英語力と言っても一概には言えませんが，特にスピーキング力のことを意味している場合が多いと考えます。基本的には，その場合英語で発信する力を維持しうる環境にできるだけ身をおくよう努めることが賢明でしょう。先ほども述べたことですが，他の技能とも絡んでいるので，語彙力を維持（伸長）するために，英字新聞や英語の本を読むなどのことは当然のこととしていかなくてはなりません。それに加えて，やるべきことを念頭において置く必要があります。端的に言えば，外国人と話す機会を持つことです。それが日本に帰国した後は難しいということになれば，自分ひとりで可能なことをしていくしかありません。リスニング教材を利用したrepeatingかshadowingも，その方法の一つでしょう。また，「五感を通して自分で見たもの，聞いたもの，感じたことなどを英語で表現してみる」「英語記事などを読んだ後，英語で要約してみる」「その感

想などを英語で述べてみる」などの方法も，スピーキング力を維持（伸長）するためには肝要です。

　初級レベルから中級レベルに達していない学習者には，リスニング力伸長についてのアドバイスも考えられます。どんどん聞いていけば，リスニング力がつくと勘違いをしている学習者もいるからです。その学習者には，以下のようなアドバイスも可能でしょう。その方法としては次の手順が大切です。

同じものを何度も聞く→スクリプトを見て確認する→内容をきちんと理解する→スクリプトを見てもう一度聞く→不明確な箇所は再度聞いて分かるまで聞いて確認する→もう大丈夫だと言えるまで聞いて確認する

自分を勇気づける言葉を持とう！

　自分を勇気づける言葉を持つことは，様々な悩みや問題に直面したときに有用です。授業で行き詰まりを感じた時，教師として自信を喪失しそうな時など，その言葉を目にし，再度口にしたりすることによって自分を勇気づけたり，鼓舞できたりするものです。当然，同僚や信頼できる人と語り合うことで，自信を取り戻したり，元気づけられたりもします。ただ，その場面に遭遇したときに，まず勇気をもらいやすいものと言えば，身近にあるものです。それが子供や家族の写真である場合もあるでしょう。しかし，言葉の力というものは非常に大きいものです。

　筆者の大学の研究室の壁やドアの内側などに様々な言葉を貼っています。いつも，それらの言葉を見るわけではないのですが，何かの折にふと目にすることで，それらの言葉が自分に訴えかけたり，言い聞かせたり，自分を勇気づけてくれたりします。2，3紹介すると，一つは，『もうだめだと言う前にできることが絶対にあるはず』です。これはカレンダーの一部に書いてあったものを筆者が切り取って，研

究室のドアの内側に貼っています。この言葉には随分助けられました。前の勤務先で貼り始めた言葉ですが，ある委員会の長としていろいろな問題に取り組んでいた時，人間関係も難しくなり，なかなかすんなりとことが進みませんでした。委員の中には，好き勝手なことを言って持論を展開する人もいますので，いい加減に嫌気がさしてくることも正直ありました。そんな時に，この言葉を目にすると，「今は行き詰まり状態になっているが，打開策は必ずある」と信じて行動したものです。要は，気持ちの問題が大きいとは思いますが・・・。

　もう一つは『一歩踏み出せば景色は変わる！』という言葉です。人間誰しも居心地のよいところにいれば，安住してしまう傾向があります。筆者もそうです。授業ひとつとっても，今までどおりに同じことをして，プリントも同じものを使用すれば，授業の準備も楽ですし，実際の授業でもワンパターンでいけます。しかし，それを一歩踏み越えて，授業に一工夫加えることで学習者の英語に取り組む姿勢も変わってきますし，教師自身もそのちょっとした工夫1つで授業に新鮮味を呼び起こし，自らやる気が駆り立てられることもあります。安定した場所にいると景色は変わりません。少し位置をずらしたり，動いたりすることで確かに景色は変わっていきます。何事もチャレンジすることにより，より楽しい人生が訪れたりもします。

　教師という仕事から少し離れた話になりますが，筆者自身，過去を振り返れば，大きな一歩を踏み出したのは，大学院博士課程を目指したときでしょう。あの一歩がなければ，今現在の筆者はありません。家族や友人など，周囲の人たちの支えと励まし，あとは自らの強い意志と継続する力等々によって，大学教官としての職を得たと言っても過言ではありません。確かにそれによって，筆者の人生の景色は随分変わりました。

　今現在も，研究室にこの『一歩踏み出せば景色は変わる！』と掲示しているのは，過去自らが努力・精進してきたことを忘れてはならないという戒めでもあります。教師としての仕事において何か行動を起

こすかどうかという場面に直面した時，そのままで済ますか，前進を選ぶかは，その人自身の判断ではあります。しかし，一歩踏み出すことによって仕事及び人生がよりよい変化に富む可能性を秘めているなら，前進する方を選択すべきでしょう。常にチャレンジをする精神を持ちつつ，楽しい未来を追い求めることで，もっと楽しい教師人生になると考えます。あなたも自分の教師人生で何か挑戦することが目の前に起こった時，あるいは何かしたい気持ちが起こった時は，ぜひ一歩踏み出していってください。その先に，今まで以上に楽しく明るい人生が，待ち受けている可能性があるのですから。

　このように，自分を勇気づけそうな言葉を見つけたら，すぐその場でメモを取るか，切り取るかした方がよいと考えます。それが耳で聞いたものだったなら，即手帳にメモすることをお勧めします。耳から聞いたものはすぐに消えていってしまうからです。人間の記憶とはあてにならないものです。その場で行動を起こさないと，一生出逢えないもの（言葉）となってしまう場合もあります。筆者もそのことを肝に銘じながら，大事なことや情報は常にメモを取って記憶に留めるように努めています。もし実践されていないようであれば，ぜひ試してみてはいかがでしょうか。その効用にすぐに気付くことになるでしょう。

体力を維持しよう！

　教師の仕事は本当に体力を要する仕事です。一頃，「知・徳・体」という言葉がもてはやされた時代がありましたが，教える立場で使用する文言の中に，それが出てきます。その中の一つである「体」という言葉，つまり「体力」，これが教師として勤める上で重要な要素の一つだと言えます。この頃では，「体力」は「知力・体力・気力」という文言の中の一つとしてよく使われます。

　例えば，一時間の授業をする上で相当の体力を必要とします。それに慣れれば，当たり前のようになり，それ相当の体力が身についてく

るものではありますが，そこになるまでに少し時間がかかります。確かに，若さで十分対応できそうなものですが，そう簡単にはいきません。事実，教育実習の時を思い起こしてみてください。いかに体力を消耗して疲弊していたでしょうか。筆者自身，40年位も前になりますが，教育実習の間，へとへとに疲れ切って帰宅していたのを思い起こします。何せ教師としての仕事が，半端なく広範囲で多忙であるからです。教育実習期間は，普通の教師ほどの仕事量はありません。いや，はるかに少ない量の仕事しかしていません。それにもかかわらず，あの疲労度たるや凄まじいものがあります。

　教育実習生として一番重要な仕事は，その教科（英語）指導について学ぶことです。英語の授業をする前の準備に始まり，授業実施，そして授業後の反省です。授業準備では教案（Teaching Plan）を書く必要があります。その準備に追われ，どんどん時間が過ぎていった記憶があります。教育実習生といえども教師です。いかに生徒にわかりやすい授業をするか，どのように教えていったらいいのか，その授業展開の工夫をしていくのに頭を悩ますものです。考えていくことで時間が過ぎるのです。次に，実際の授業では40人位の生徒を前にして授業するのですから，一番後ろの生徒まで聞こえるように大きな声で話さなくてはなりません。教えるとなると，生徒一人ひとりの様子を見ながら，集中して授業をしていく必要があります。そこでも体力を要します。生徒から質問があれば，しっかり聞いてその質問に真摯に答えなくてはなりません。更に，授業後はその反省をし，次の授業に生かすようにしなくてはなりません。これはあくまで教育実習での話ですが，実際に教師になった後も，授業での工夫や反省は常に行う必要があります。授業一つとってみても，このような実情があります。

　それ以外に，お分かりのように，教師には様々な側面があります。クラブ活動への参加・指導，担任クラスを持てば，クラス運営や生徒への対応（進路・生活指導等），そして時に生徒の親との面談等もあります。学校組織の中では校務分掌があります。時間割等のカリキュラ

ムに関わる教務部，学校全体の仕事として総務部，生徒の問題行動等に関わる生徒指導部，それに将来の進路に関する進路指導部など，様々な校務分掌の中で何かの役割を担当しなくてはなりません。このような仕事をしながら，英語という教科指導もする必要があります。

　このように，教師という仕事は多岐に渡り，その疲労度は半端ではありません。とはいっても，教科指導を疎かにしてよいわけはないのです。したがって，常日頃からの体力増強，健康増進に自ら努める必要があります。教師は「知力・体力・気力」全てが必要です。その中でも基本中の基本は体力でしょう。健康な身体がなくては，本当に生徒のためによい仕事はできないと思います。教師という仕事をきちんと全うするためには，日常的に体力を維持するための精進が必要なのです。

自己研鑽しよう！
　自己研鑽は，言うまでもなく英語教師にとって最も重要な仕事の一つです。英語によるコミュニケーション能力なくして，英語教師が英語指導をできるとは到底思えません。この能力にも個人差があることは言うまでもありません。しかし，英語教師として教壇に立つ限りは，生徒の前で英語を使用して外国人とコミュニケーションができる能力を有する必要があります。そのためには，常日頃から自己研鑽に努めておくことが大切です。ではいったい何をしたらよいのか，という問題が生じてきます。その答えは自分自身の中にあります。つまり，自分の英語力を自己分析して，必要な力をつける英語学習をしなくてはならないでしょう。具体的には以下の通りです。

　英語コミュニケーション能力向上のための日常的な英語学習としては，毎日継続できることをするようにしたいものです。筆者が勧める基礎的な教材としては，この章の最初の節で紹介したラジオ英語番組です。先ほど記述した通り，個々人英語力も異なるので自分なりに自己分析をしておくことが大切です。それを基に，更に自分に必要なも

のを加えていくことが肝要です。例えば，ある程度会話はできると自信がある人なら，語彙力の向上や表現力をさらに向上させることが大切です。その場合，少しレベルの高い番組（教材）「実践ビジネス英語」などを聴き，反復練習をするとよいと思います。基本的な会話に自信がないようであれば，会話の練習に重点を置いた番組「ラジオ英会話」などはどうでしょうか。あくまでここで述べているものは，一例ですから自分に合った番組や教材を選んで，ほぼ毎日継続的に聞くようにする必要があります。当然，テレビ番組やその他のマスメディアを使用して，英語学習をしていくことも選択肢です。

　ここで大切なことは，その番組や教材を使用して英語学習が続けられるように自分を追い込むことが必要であるということです。せっかく購入した教材でも，一週間でやめてしまったのでは何にもなりません。そのための前提として学習者に必要なことは，学習の習慣づけです。学習の習慣づけをする一つの方法は，目標を設定することです。どんな形であれ，英語力を向上させていくことに間違いはないのですから，自分なりに目標設定をして，その目標に向かって英語を学習していけば，学習の習慣化も少しは容易になると考えます。具体的目標としては，TOEIC® Testや英語技能検定などの検定試験を掲げることも可能でしょう。あるいは，ノルマ形式の目標設定もあります。語彙リスト集一日50語仕上げる，英字新聞15分読むなどのノルマを設定して，それを終えることを目標とする方法です。後者の方法は，習慣化を築いていく上でのより具体的なものですから，自分を律することがより求められると言えます。

　習慣づけをする上で，そこへ持っていくまでの方法としてお勧めなのが，「慣らし期間」を持つことです。「慣らし期間」とは，習慣化を図る前のウォームアップのようなものです。例えば，英語学習でも特に，リスニングの習慣化を図ろうとするなら，その雰囲気を部屋に作り出すのです。帰宅したらすぐに英語のCDあるいは英語の歌を流す，という方法です。そのことが英語を勉強するという気持ちに自らを近

づけさせることに繋がります。最初から「英語を勉強するんだ！」という構えた気持ちでは長続きしにくいものです。部屋中を英語の雰囲気に満ちている環境にするのです。その雰囲気を毎日味わいながら，そろそろ英語力を高めていこうかな，という気持ちを内から湧き出させていくのです。その期間があることで，Motivation はさらに高まることになります。人間というのは本来貪欲なもので，ただ雰囲気だけでは満足できなくなるものです。そういう気持ちが湧いてきたらしめたものです。あとは一気に「戦闘モード」(学習モード) に行くだけです。例えば，ラジオ英語を15分は聴こうと決めて，それを続けていけばいいのです。時間も徐々に15分が20分，30分と長くなっていけば，習慣化は完全に身についたことになります。いまいち英語学習に乗り切れない人は，ぜひ「慣らし期間」を持ってみてください。その効果を感じることは間違いないと信じます。

アンテナを広げて！

　ここでいきなり質問です。次の質問について考えてください。

> あなたは，自分に役立つ情報や生徒に話せる情報を主にどこから手に入れていますか。また，最近手に入れた情報で有用な情報は何ですか。

　あなたの答えは何でしたか。自問自答しましたか。このような質問でも的確に答えられることが必要です。手に入れた有用な情報は，自分のためになるだけではなく，周囲の人たちに話すことによって，彼らのため，特に学校の生徒のためにもなるのです。そのことを念頭に置いておいてください。

　さて，筆者の場合，この質問に答える時すぐに思い浮かぶ情報源は，新聞とテレビです。筆者が好きな話題と言えば，体力的なことも含めて健康関連の話とか生きること，人生についての内容のものです。最

第2章 （英語）教師としての心がけ

近ではテレビから仕入れた情報で本を購入したりしています。皆さんが見られているかどうかわかりませんが，民法のテレビ番組に「奇跡体験！アンビリバボー」という，事実を基にして視聴者を引き付ける番組があります。様々な話題について取り上げながら，実際の映像も提供して，一層視聴者にインパクトを与える内容などを伝える番組です。

　ある日新聞のテレビ欄で，その番組の一つの話にとても興味を持った筆者は，メモを用意してその番組が始まるのを待ちました。そして，その番組を見始めると，すぐにメモを取り始めました。内容は，あるロンドンのストリートミュージシャンの人生が，一匹の猫によって劇的に変わったという実話でした。ある若者がミュージシャンを夢見て，通りで演奏し，お金を稼いでいました。来る日も来る日も通りで演奏するものの，大した収入にはなりませんでした。ある日，アパートに帰宅すると，一匹の猫が隣のドアの前に座っていました。最初は気にもしなかったのですが，数日か経ってもそこにいるので，ある日そのドアの住人の猫かと思い，その猫を抱いてその住人を尋ねたのです。すると，その人は「私の猫ではない」と彼に告げました。彼はどうしようかと思って猫の様子をよく見ると，足にけがをしているではありませんか。「これはいけない，すぐに治療しないといけない」と思い，すぐに獣医に連れて行きました。すると，獣医は「2週間くらい安静にしていればよくなる」と彼に話しました。収入も安定しない彼が，その猫を飼うことに不安はあったのですが，仕方なく2週間ほど彼の部屋で飼うことにしたのです。

　2週間後，猫の状態も良くなったので，彼はその猫を公園に連れていき，別れを告げました。そして，自宅のアパートに帰ると，何とその猫が先に帰って待っていたではありませんか。それからというもの，彼はその猫を家で飼い，通りで演奏しに行くときには，肩にその猫をのせて連れて行ったのです。その愛嬌ある猫が一緒にいることで，通行人が興味を持ち，目の前に置いてある小銭入れの缶にどんどんお金

を入れてくれるようになり，缶はお金でいっぱいになりました。全てその猫，ボブのおかげなのです。彼は後に，次のように言っています。
　「ボブが僕の人生を変えてくれたのです。本当に無二の親友です」と。
　実際，彼は一時麻薬中毒にもなっており，その中毒から脱出できたのも，実はその猫のおかげなのです。
　一匹の猫によって人生が180度変わったイギリス人の話でしたが，そのテレビ番組の最後にその話の本が出ていることを知り，すぐにインターネットで注文をしました。購入した後すぐに読み始めました。
　このようにテレビから情報を得て，関心のある本を購入していくまでに発展することもあるのです。このテレビで得た情報をタイプして，その打ち込んだ内容のプリントを手渡しして，仕事場で少し話をしました。あとで，授業の最初のオリエンテーション中に一つの人生として，その話を取り上げました。とにかく，どんな情報源でも，自分が有用と判断する（相手が有用と思えばもっとよい）ものは，すぐにアンテナを張って収集する姿勢をもつ必要があるでしょう。得た情報を使うかどうかは，あとで判断すればよいことです。あなたもどんどんアンテナを広げて，様々な有用な情報を収集していきましょう。あなたの人生，そして周囲の人たちの人生を，少しでも豊かにすることは間違いないでしょう。

海外で見聞を広めよう！
　英語教師である限り，海外で見聞を広めておくことは重要です。英語を教えることは，ただ語学力を高めることだけではありません。その背後にある（異）文化を理解させ，疑似体験させることも含んでいます。しかも，実際に英語を使用するのは，アメリカやイギリスなどの英語圏の英語話者だけではありません。現在では，様々な国々の人々と英語でコミュニケーションをとっていく必要があります。筆者自身，生徒の引率で海外へ渡航したのは数多くありますが，海外へ飛ぶたびに苦い経験や異文化的な体験をしたものです。それを記録にとってお

第2章 (英語)教師としての心がけ

き，生徒たちに授業中に語るのです。教師が異文化体験したことを生徒に語ることほど，生徒の英語学習意欲を高めるものはないと考えます。教師の実体験ですから，その話が始まると，生徒は教師の方に眼差しをしっかりと向けて，真剣にその話に耳を傾けます。視覚・聴覚をフル稼働させて，教師の体験談を聞き入っています。これは本当に生徒にとっても教師にとっても，とても有益な時間です。このことについては，別の章で話しましょう。

　さて，その体験の一つに東南アジアの国々を訪問したものがあります。例えばベトナムやカンボジアへ行っても，コミュニケーションをとるためには英語が必要となっています。筆者がベトナムのTESOL学会に参加したときはもちろん，参加者やホテルのスタッフとも英語で会話をしていました。また，そのあと海外見聞のためにカンボジアに行ったときにも，英語の便利さを本当に痛感しました。カンボジアと言えば，ユネスコの世界遺産に認定されているアンコール・ワット，アンコール・トムで有名ですが，その地域で唯一の国際空港であるシェムリアップでタクシーを拾うことは言うまでもなく，その地域特有の話を聞くにも英語をツールとして存分に使う必要がありました。当然，タクシーの運転手にとっても英語は重要な商売道具なのです。英語が話せなければ，外国人観光客を乗せた後，会話をすることもできず，ただ目的地までお客を運ぶだけのものになってしまいます。英語がツールとして使えれば，お客との会話も弾み，観光案内もでき，お客からのチップもそれなりに弾んでもらえるというものでしょう。お客にとっては，海外旅行のパンフレットとはまた違う情報を手に入れることもできるのです。筆者の場合，タクシーの運転手と懇意になり，地元のレストランを紹介してもらい，一緒にその日の夕食をとりました。当然，海外へ出向くことはマイナス的な面もあります。余談ですが，今の話の続きはマイナスの面が伴っています。タクシーの運転手にとって，外国人観光客は格好の収入相手です。したがって，先ほどのレストランへの誘いは，彼が夕食代金を浮かせる意味もあるのです。

薄々は感じてはいましたが，でもこれだけの体験はできないであろうと思い，およその金額をそこの店員に聞いて店に入りました。とはいっても，日本の物価に比べて，はるかに安いものです。地元の人が頻繁に利用できるかどうかは疑問ではありますが・・・。

　このように，海外の体験談を日常的に授業の中ではできないにしても，夏休み直後とか試験終了後など，区切りのある時で時間のある時などに，小出しにしていました。先ほど述べたように，生徒へのインパクトは大きいものがありました。異文化体験を含めた内容が生徒の心を掴んだのでしょう。同時に，筆者自身が海外へ出向いて様々な体験をしてくることにも，生徒の中で何らかの心の揺さぶり（心的影響）があったと信じます。何がどのように生徒に影響していくかは，すぐに結果が出るものではありません。しかし，日々精進していくことで，嬉しい結果が出てくることに繋がるのではないでしょうか。

生徒からの評価を肥やしに！
　良い意味でも悪い意味でも，生徒の評価を肥やしにして，更に英語教育に磨きをかける必要があります。教師というものは，得てしてネガティブな評価を嫌うものです。特に，教師自身が自分のやり方に自信をもっている場合は特にそうでしょう。これは教師だけに限ったものではありません。人間誰しもよい評価やコメントをもらうと嬉しいし，気分がよくなるものです。その反対に，よくない評価をもらったり，ネガティブなコメントをもらうと自分を否定されているようで，気分を悪くし，相手に対して悪意じみたものを感じることもあります。筆者も例外ではありません。今までに多くの評価をされてきましたが，若いころは特に，自分のやり方に自信過剰的なものがあったので，生徒の否定的な評価・コメント等は無視まではいかないまでも，なるべく目を向けないようにして，よい評価やコメントのみを心に留めていくようにしていたように思います。肯定的なコメントが教師自身をさらに成長させていくことは間違いありません。自分のしていることを

生徒が肯定してくれていると認識することで、指導へのやる気が高まり、更に指導の工夫をしていくことに繋がるからです。いわゆる、相乗効果と言えるものが出てくると考えます。

　その一方で、生徒からのネガティブなコメントに対してはどうでしょう。生徒が書いたコメントに対して神経質になっていては、新たな指導への道に気持ちが向いていかないということが起こりかねません。要は、生徒が真摯に書いたコメントを、教師自身がどのように受け止めていくかが大切です。つまり、そのネガティブなコメントに対して、まず教師は「このように受け取る生徒もいるんだなあ」と考えていくのです。教師自身の中で、生徒の立場に立って指導方法などを見ようとするのです。それによって、教師自身が抱いてきたこと、つまり「自分がやってきたことが絶対的に優れている」「そのようなコメントをされるのは、お門違いだ」などといった思いから一歩先に進むことができるのではないでしょうか。そうでなければ、教師自身の成長を望むことが難しくなるでしょう。確かに、教師は自分の指導方法等について自信をもってやっていることでしょう。それに対して、教師が期待した反応とは異なる思いを抱いている生徒もいることを認識することから始める必要があると考えます。そのことが、教師の新たな成長に繋がってくると考えます。

　結局、「まず（コメントを）受け止める」ということが重要です。それによって、教師として人間的にも成長することに繋がることは間違いありません。少し心の片隅にそのことをおいておき、受け止める気持ちの余裕が出てきたら、自分の中で指導工夫をする際に、ちょっと考えてみるようにしたいものです。筆者がここで文面にしているほど、実際には容易でないことは分かっています。分かっているからこそ、あえてここで記述しているのです。先ほども述べたように、教師が成長する上で、難しいことにチャレンジすることも必要なことです。その結果、今よりもさらに一回り成長した教師になれるのではないでしょうか。

生徒のRole modelであることを意識して！

　これは自己研鑽にも関わることですが，英語教師として教壇に立つことは，常に生徒の目に晒されていることを意識しておくことが必要です。言い換えれば，生徒は常に教師の一挙手一投足を注視しているのです。何のためでしょう？もちろん生徒によってその意識は異なります。英語の授業に興味がある生徒は，英語教師の全てを注視し，様々な判断をしています。この教師の英語（力）はどうなんだろう？教え方は上手なんだろうか？英語の発音はどうかなあ？など。生徒が注目する項目を挙げれば，枚挙に暇がありません。特に，英語教師との人間関係があまりない，希薄な学期最初の頃には，特にその注目度は高いでしょう。どんな英語教師なのか見ているのですから。時間が経過していくと教師に慣れてしまい，それなりに判断をすることになります。ここが大事な点です。英語教師に慣れてしまうという点です。英語教師に慣れるとは，その先生の教え方や持っている英語力などに慣れてしまうということです。その教師の素晴らしい点に慣れるということならよいのですが，その逆が得てしてあり得ます。つまり，その英語教師の見習う必要のない点に慣れるということです。例えば，その教師の発音がどうみても日本語英語で，モデルとは到底なりえないとしましょう。それに慣れてしまえば，発音に関して，それなりにしか生徒も真剣味がわからないでしょう。

　結局，英語教師は生徒のRole Modelであることを意識しながら，教壇に立ち続ける必要があるのです。（Role Modelであることを）意識するということは，英語の指導方法や英語力の向上に向けて，自分なりに精進・努力をしていく必要があるということです。英語教師は，今の自分の状況に満足してはいけません。常に向上心を持って前進し続ける必要があります。20代終わりから30代前半にかけて筆者が非常にそのことを意識していた時がありました。自分の英語力自体に自信はないし，発音も真剣に勉強したことがなかったからです。そのため，外国人を見ると，奥に隠れたい意識を持っていました。（実際に

隠れはしませんでしたが）

　それはさておき，筆者自身も生徒のRole Modelであることを意識し始めていた若いころ，意を決して英会話学校へ週2回通いました。ほぼFace-to-faceのレッスンで，筆者の提供する話題でその授業を展開してくれたのが嬉しく，おかげで語彙力がつき，英語の会話も以前よりはできるようになったのを覚えています。それに飽きたらず，英語集中合宿にも何度か参加しました。富士山麓にある合宿所で英語漬けの生活をするのです。一週間から二週間の英語合宿で英語を使おうとする姿勢を培われたように思います。

　そのような体験をして授業に臨むと，「（授業では）なるべく英語を使わなくては」という意識が一層高まります。とはいえ，実際には（英語を話す）自信が十分にはなかったので，英語を生徒の前で使おうとするのを躊躇することもしばしばありました。しかし，その殻を打破するのも自分でしかありません。自分に打ち勝つ強い意識を持っていくことで，とにかく生徒とのやり取りに英語を使ってみようとチャレンジしたものです。今でも常にチャレンジの日々です。自ら英語の世界に浸かりながら，生徒（学生）のためにも英語力向上を目指し，よりよい授業を展開できるように，日々精進している次第です。英語力の向上に終着駅はありません。

校外研修に参加しよう！

　高校教員のころ，よく研修に参加させて頂きました。筆者が高校に勤務していたのは随分前ですから，その頃に比べて，今は学校の仕事がもっと多忙で，研修のために出張しにくい傾向があるかもしれません。しかも，校内業務で同僚に気兼ねしたり，生徒のことで研修出張しにくい場合もあります。しかし，研修の意味を十分に理解して，積極的に研修に出向いて行く方がよいと考えます。研修は自分のためでもありますが，最終的には生徒のためになることなので，前向きに行動した方がよいのです。特に，英語教師の場合，日本語とは異なる英

語という言語を，原則その言語で教えるわけですから，教師自身の研修の重要性は，他教科の教師以上のものがあると考えます。教師が得たことは，生徒に反映されることは言うまでもありません。先ほど述べた同僚に気兼ねをすることは理解できますが，相互に協力し合って，授業の埋め合わせ等をして研修に行きやすい職場作りも必要でしょう。これは管理職や科主任の仕事にも関わるものがあるかもしれません。

　筆者の経験からすると，よく出向いた研修先は「教育センター」です。当然主たる目的は，自らの英語力向上と英語教授法の改善であります。しかし，それ以外にも他校の英語教員との交流や情報交換も校外研修の意義であると考えます。英語力向上に関しては，自分の考えを英語で伝達したり，相手の考えを聞いたりして，英語によるコミュニケーション能力が向上したと思います。英語を半強制的に使用する状況に置かれると，何とか英語でコミュニケーションを取ろうとするものです。ALT（外国語指導助手）などのネイティブスピーカーが近くにいれば，そのようにするでしょうが，そういう状況でもなければ，日常生活で英語を使用することなどありません。そのためにも校外研修に出ていくのは有用と考えます。

　他校の教員との交流の場という意味合いに関しては，お互いの教授法を交換し合ったり，英語に関わることだけではなく，同じ教師として悩み等もあれば，それを共有し合って励まし合う場ともなるでしょう。人と人とのつながりを作り上げていき，明日からの教育活動に励みを与えることにも繋がると考えます。その後の人間関係づくりに役立つこともあるでしょう。その校外研修を契機として，人間関係が深まることもあり得ます。筆者も校外研修を契機に友人になった教師がいます。特に，教育センターの指導主事の方とは，その後より親密にさせて頂きました。時折機会があれば，会って話をすることもあります。年齢が上がっていくと，話題が教育現場の中身だけではなく，人生の生き方に関わる話等にも及んでいきますので，以後の教師生活に

とても参考になることもあります。

　もう一点，校外研修の意義として列挙されることがあります。これは当時よく訪れていた教育センターの指導主事の方から助言を頂いたことなのですが，次のようなことを言われました。

　「センターでの研修は英語力の向上や教え方を学ぶだけではありませんよ。せっかく来られたのですから，しっかり「息抜き」をしてください。これも研修の重要な意味合いです」

　その時，すぐにはその言葉の意味が呑み込めませんでした。そんな思いを抱いて研修してもいいのだろうか，という思いが湧いてきたのです。しかし，しばらく考えてみると，納得させられる言葉でした。確かに，教師は学校現場で毎日忙しく働いて教育活動に専念しています。その慌ただしい場から少し解放されて，ゆったりとした時間を持つことも意義深いことです。確かに，心にゆとりがないとよい仕事（教育）はできないと思います。その時間を提供するのが校外研修でもあると言えます。当時の指導主事の先生は，そのような意味合いのことを筆者に伝えたかったのだと思いました。ありがたい言葉です。それによって「明日から頑張ろう」という元気も湧いてくるというものです。

英語力の土台作りから！

　英語を学ぶことは，自らの人生を構築していくことに繋がります。生徒は英語を通して様々な知識を得ることになります。それはある意味，教科の垣根を越えた学際的な色を帯びる部分でもあると言えます。教科として社会を学ぶのと同様，英語を学ぶことは分野を超えた知識も得ることになるからです。例えば，英語の授業で宇宙開発の話が出たとしましょう。宇宙開発に関わる語彙を学習することはもちろん，どのような開発が現在行われているかについても，英語を通して学習するのです。その科学の話に関する内容の深さはさておき，それについて学習することは事実です。

そのような学習をする前に，英語という言語について学習していくことが重要となります。英語の語彙・文法的な構造・文化を背景とした語（句）の持つ意味など，言語そのものの知識を大いに学習していくことは英語学習の基本です。このように受動的に英語の知識を持つこと自体は，大いに意義深いことであります。なぜなら，この英語知識を基本として，更にいろんな知識を習得する上での土台作りをしているのですから。その土台なくして，その後の英語学習は成り立たないでしょう。英文が理解できなければ，そこに書かれている内容を得ることはできません。先ほど述べた物理分野の宇宙開発についての英文などを理解することは，英語そのものの基本語彙や文法的な構造を知り尽くしてはじめて可能となります。そのように考えれば，英語の基本的な知識を持つことは大前提です。ここで述べたことは，あくまで受動的な（Receptive）な中身です。

　もう一方の発信的な（Productive）英語学習ではどうでしょうか。この場合は，中身を十分理解した上で，コミュニケーション等の手段として英語を利用することになります。ある問題に関して，身近な人々の考えを理解し，それについて自分のコメントを述べていくことは発信的な英語学習と言えます。たとえば身近な人々でなくても，遠く離れた人とメールで交流していくこと（可能であるなら，現在生じている様々な問題：ビットコインなど仮想通貨のこと，中東問題などの国際情勢のこと等）について，英語でメールを通して意見を交わしていくことも発信的です。このように，英語を話すあるいは書くというコミュニケーション活動を通して，お互いの意見や考えを理解し，更なる交流の発展，相互理解等に繋がることが期待されます。

　このように英語を学習することは，異なる考えを持った人々を理解し交流していきながら，同じ世界で生きている一人の人間として，平和で楽しい有意義な人生を歩んでいく礎に繋がるのではないでしょうか。このセクションでは，「英語力の土台作りから！」という題目を掲げていますが，英語力の土台が作られると，その後，英語を通して

人間的な幅が広がり，人生を豊かに生きることが可能になると考えます。人は皆，それぞれの考えを持ち，自らが所属する社会の一員として法的，文化的（慣習的）な制約を受けながら，一生懸命生きています。異なる背景を持った人間同士が，お互いを理解していく上での重要なツールのひとつとなるのが，現在では英語であると考えます。その重要な言語である英語を大いに学習していき，様々な人々と交流し人生を楽しんでいってもらいたいと考えています。そのためにも，しっかりと英語の基礎的な力を培っていきましょう。

同僚と励まし合おう（協力し合おう）！

　教師として勤めていくのは大変なことです。教師の指導や様々な活動がうまくいっているときは全く問題ありません。楽しい時間はそれでよいでしょう。しかし，教師という職業は，事が思うようにいかないことが結構あります。生徒と対立したり，授業がうまくいかないなどのことについて悩む時間もかなりあるでしょう。一人で悩んでいても仕方がないことも結構多いのではないでしょうか。そんな時に，同じ学校に勤務している同僚や先輩と語ることで，励ましを得て，頑張ろうという元気が湧いてくることもあります。彼らが心の大きな支えになるのです。具体的には，クラス担任をしていればクラス運営や生徒指導，進路に関わる生徒への対応，校務分掌での仕事や他の先生との話し合い，クラブ指導での生徒との関り，そして教師の本業は授業指導でありますから，その授業の中で悩みや行き詰まりを感じることもあるでしょう。

　例えば，英語の授業を例にとると，関係詞を学習する中で，whichの使い方がよくわからない，その教え方が難しいと感じたとします。どのように教えたら生徒にわかりやすいであろうか，楽しく関係詞を学ぶにはどうしたらよいだろうかなどについて常に考え，授業に臨むこともあるでしょう。しかし，実際自分だけで考えて答えがうまく出るとは限りません。むしろ，自分の考えだけでいくと息詰まることも

あるのではないでしょうか。そんな時には同僚に助言を仰ぐことが必要です。ただ自省してもうまくいかないところや悩んでいるところ等について，経験豊かな先生や英語の指導に熱心な教師からの助言などを求めてみることが大切です。こんなことを聞いてどう思われるであろうか，聞くに値しないことなのではないか，などとひとりで自分を卑下したり，勝手にネガティブな思いを持つ必要はありません。分からないことを聞く，悩んでいることを打ち明けることは，決して恥ずかしいことでも何でもありません。むしろ，自分の心を開く勇気を持つことが大切です。

　逆に，行き詰まりを感じている教師，悩んでいる教師から相談を持ちかけられる場合もあるでしょう。その場合，その教師の話をしっかり聞くことが大切です。助言などはそのあとです。よく言われることですが，とにかく何か壁にぶち当たっていたりする人に対しては，その原因などについて，まず聞き役に徹することが必要です。一通り話していくと，その人もかなり落ち着いて精神的に楽になります。その後，聞いた話からあなたの考えや助言を述べていくとよいでしょう。ご存知のように，これはカウンセリングの時によくする方法です。人間関係もありますが，悩んでいる，困っている様子の教師を見かけたら，生徒の時と同様，「声かけ」が必要です。自分から言える人は大丈夫でしょうが，そうでない人に対しては，心の手を差し伸べることも同僚として大事なことでしょう。

　結局，同じ学校に勤務している一教師として，お互いにいろんな場面で助け合い，励まし合って仕事をすることが必要なのです。個人に責任を押し付けられる場合もありますが，励まし合う（助け合う）気持ちを常に持って教師生活を送る方が，より楽しく仕事ができると信じます。

教員相互の授業研究（観察）

　この題目は教師として基本となることです。先にも述べたことです

が、自らの授業を自省することは、非常に大事なことです。授業をすることが、教師にとって本業だからです。授業をする前の授業研究、いかにして生徒にその単元内容を十分理解させ、楽しく学習させられるか等、しっかりと考える必要があります。そして、その授業を実施した後で、その授業が、教師が思ったようにうまくいったかどうか、生徒が理解したかどうかを検証する必要があります。それは実際に生徒にアンケートを取るか、直接聞くなどしない限り正確には分かりませんが、毎回できることではありません。したがって、授業に関して教師自身が振り返り自省していくことが必要です。このような自省をすることで、授業内での指導方法や工夫を教師なりに検証することができ、授業研究が教師を更に成長させていくことに繋がります。

　しかし、教師自身の実践を自ら反省していくことにも限界はあります。教師自身の指導方法を更に向上させ、生徒により分かりやすい授業を展開するためには、客観的に自らの授業を見ていくことが必要でしょう。一人でそれをやっていくこともある程度は可能ですが、客観的に判断していくためには、第三者に授業を観察してもらい、様々な指摘をしてもらうことが有効でしょう。つまり、授業観察をしてもらい、その後に、簡単な反省会のようなものを開いていろいろなアドバイスをもらうのです。とはいえ、現実には教師という仕事は昔と違って多忙な仕事になっています。所属する学年内での仕事、校務分掌、クラス運営、クラブ活動、年間行事等、様々な任務があります。そのことを踏まえると、安易に先輩教師に授業観察を依頼するのも容易なことではないかもしれません。

　それなら、どうしたらよいでしょうか。学校内には授業向上のための委員会、またはそれに関わる組織があると思います。そのような組織を活用して、積極的に自ら研究授業をしていくように努めることも必要でしょう。もし校内にそのような組織が存在しない場合は、教科会で、「(相互)研究授業」などの議題を取り上げてもらうように、信頼できる先輩教師に働きかけるのはいかがでしょうか。教師の中には

様々な意見もあり，簡単には行かない場合もあるかとは思いますが，行動を起こさない限り，ことが前には進みません。もし教科会で議題として取り上げるのが憚（はばか）られると考えるなら，話しやすい教師の間で相互授業参観のようなものを実施したらいかがでしょうか。最初は年に一回でも，希望者が自らの授業実践を他の教師に公開するのです。その際，授業参観をした教師は反省すべき点ばかりでなく，良い面も積極的に見るように心がけることが必要です。

　結果として，実践した教師の授業自体が自省の範囲を超えた，より高いレベルの授業へと進む一歩になることは間違いありません。それは実践公開した教師自身の授業力向上にとどまらず，授業を参観した教師にも良い影響を与えることになります。参観した教師がその授業を通して，自らの授業を自省していくことにも繋がります。いわゆる相互作用です。このように，（相互）授業参観をすることが，ある意味教師間での切磋琢磨に繋がります。時間が許す限り，積極的に相互の授業を見せ合いましょう。

海外体験を英語で記録として残そう！
　筆者は海外へ出かけた時，なるべく英語で記録として残すように努めています。それが将来的に役立つことを信じてやってきました。結果的に，その考えは正しかったと，今にして思えば強く感じています。なぜなら，授業や講演など，いろいろな場面で，その体験を基にした話をすることができているからです。教師の実体験ほど学習者にとってインパクトのあるものはありません。高校勤務時には，2学期の最初の授業には，必ずと言っていいほど夏休暇に体験したことを，写真などを交えて話したものです。その時の生徒の表情（様子）は，いまだに私の脳裏から離れることはありません。普段の授業とは全く違う様子を見せている生徒がかなりいました。つまり，普段の英語授業では，英語の勉強に対して少しだるそうな，面白くなさそうな態度を見せる生徒が，その時だけは顔を上げて私の話に聞き入っていました。

そのような生徒の姿が目に焼き付いています。その当時行った授業体験が，筆者に多大な影響を与えていることは言うまでもありません。

　結局，海外体験を記録として残し，授業で話してきたことが，2012年に出版したテキスト『Ryu's Misadventures Abroad』(ふくろう出版)の作成に繋がっています。海外旅行とか海外体験と言えば，楽しいことばかりが思い浮かびますが，楽しいことばかりではありません。海外旅行をしていると，トラブルなど思わぬ出来事に遭遇することがあります。そのような出来事や苦労などを含む，様々な体験内容を盛り込んだテキストに仕上げることができました。つまり，海外旅行体験を記録として残すことによって，英語指導に反映させることができたのです。そのような体験を一冊のテキストに仕上げ，それを基にした指導が可能となったことをとても誇りに思っています。

　しかし，記録として残すためには，それなりの準備が必要です。簡単なことですが，まず持ち歩いていけるサイズの手帳とペンを前もって購入しておきます。海外旅行をする際に，それらをすぐに取り出しやすいポケットかどこかに入れておいて，事あるごとにメモを取るように心がけるのです。例えば，ある年の海外経験ですが，カナダのハリファックス（有名なタイタニックが沈没した場所に近い港街）へ行きました。その時，クロックタワーや港町を散策して回っていた時，先ほど述べたように，ポケットサイズの手帳とペンを持ち歩き，ちょっと立ち止まったり，レストランに入って休憩したりした時に，その手帳を取り出してメモを取るようにしました。特に，数字的なことや場所の名前など，忘れそうなことは必ずメモを取っておかないといけません。十分なことは書けないかもしれませんが，その場ではそれで充分です。滞在先のホテルに帰った後，就寝までに，そのメモを頼りにきちんと英文にして詳細に記録しておくのです。今の時代，スマホやiPadなどを持ち歩いているでしょうから，それにメモして残しておくことも可能でしょう。また，スマホなどで，看板などの目印になるものを撮影して，周囲の風景や人々の様子を視覚的記録に残しておい

たり，動画にして残しておくことも重要です。帰国した後，撮影した写真を整理し，授業展開をする際に使用可能な（生徒にインパクトのありそうな）写真を選んでおくのです。英文を丁寧に掘り起こし，修正をしながら，その場面場面で使える写真を抽出していきます。英語授業のことを念頭におきながら整理していくことで，海外旅行を二度楽しむことにもなります。海外旅行をする機会があれば，ぜひ試してみられてはどうでしょうか。

アウトプット活動を心がけて！
　時代の流れによって，英語教育の中でも様々な言葉が使用されます。流行を追うように，教師がそれを追い求めています。いやむしろ，上からそれを要求されていると言ってもよいでしょう。ある時は「実践的・・・」，ある時は「コミュニケーション」（これは今でも大いに活用されていますが）という言葉がはやり，教師がこぞって使用する傾向がありました。今では「アクティブ・ラーニング」という文言を文科省が提唱し，現場ではその指導方法の実践に向けて奮闘しています。筆者はこれを批判しているのではありません。肝心なことを常に持ち続けていれば何ら問題はありません。使用される言葉に踊らされないようにしてほしいだけであります。つまり，今流行となっている「アクティブ・ラーニング」も，学習者に英語を使わせて積極的に授業に参加させようということなのであります。これは今に始まったことではありません。筆者が高校教師をしていた頃から言われ，実践しようとされていたことで，言葉が変わっただけのことです。知識一辺倒ではなく，英語を通して生徒に考えさせ，意見を述べさせ，インタラクションをすることの重要性を説いているのです。このことを認識したうえで，授業改善に取り組んでもらいたいと思います。すでに生徒に参加型の授業を展開されている英語教師の方は，それをこれからも大いに実践していかれればよいでしょう。これから実践しようとされている教師の方は，自己研鑽と共に，授業改善のために，そして英語を

学習する生徒のために，積極的に英語を使わせる指導を取り入れるように努力をしてもらいたいと思います。

　しかし，その大前提となるのが英語による知識を持たせ，理解を深めさせることです。英語の語彙力や文法力は当然のこととして，英語を聞く力なども向上させておかなければ，その次のステップである英語使用（実践），つまり英語によるコミュニケーション活動をしていくことには繋がりにくいものです。きちんとした基礎的な語彙や文法を含めた英語力を身に着けさせながら，徐々に授業内での英語活動を展開していくことが望まれることになります。その授業展開をしながら，生徒の英語に対する意欲を高め，英語を学習する楽しさを同時に体験させることが重要となるでしょう。英語を使って楽しいという体験，英語が通じたという喜びを体験することが，更なる英語学習意欲に繋がっていくことでしょう。

　そして，習得した基本的な英語知識を基に，相手とコミュニケーションをとっていくことこそ大切なのです。つまり，英語をアウトプットすることです。いうまでもなく，アウトプット活動することによって，生徒の中に緊張感があるのは当然ですが，彼らの目の輝きが徐々に変わっていくことは間違いないでしょう。教師が生徒を勇気づけながら，しっかりサポートをして，英語を使わせ，楽しませていきましょう。教師の方もその活動を通して，より楽しく授業を展開できることでしょう。

人生に関わる知識を持とう！

　先人の人生について知識を持つことはとても有効です。あなたの人生にとっても，そしてあなたから教えられる生徒たちにとっても。なぜなら先人が歩んだ人生，苦労して何かを成し遂げた人の人生などから有用なこと，大切なことを学ぶことができるからです。人生に関わることばかりでなく，ちょっとした豆知識でも持っておいた方がよいでしょう。生徒と話をするとき，授業で関連のあるレッスンになった

時，事前に調べておくことは当然ですが，常日頃からアンテナを広げて，様々なメディアや書物などを通して，教師自身が幅広い知識を持っておくことは有用です。

　現代ではほとんどの人がスマホを持参しているので，その場で調べようと思えば，すぐに調べることも可能ですが，書物の内容，その人の生き方，警句等々の予備知識を断片的でも知っておく方が，会話が展開しやすい面もあると考えます。特に，人生に関する話となれば，その人の生き様が関わるのは言うまでもないことですが，先ほど述べたように，先人や著名人の言葉やその生き方等の知識を持っていれば，即アドバイスをしたり激励の言葉をかけたりするときにも，それらのことを加えて話すことで，より説得力を持った言い方が可能になると考えます。例えば，日野原重明氏です。残念ながら2017年7月に105歳で大往生をされましたが，筆者が尊敬する人物の一人です。数々の著書を執筆されておられますが，中でも『生きかた上手』（ユーリーグ）がとても印象に残っている本です。その一端をここに紹介します。

　　<u>今日一日を精一杯，激しく生きる</u>
　　「一瞬が連なって一日となり，一年となり，一生となるのです。きのうと同じように過ごした今日であっても，きのうはきのうの一度きり，今日も一度きりの今日なのです。<u>これほどかけがえのない今日を，失敗を恐れて無為に過ごすのは，あまりにもったいない</u>ではありませんか。」（下線部筆者）

　この言葉は当たり前のことを述べているのですが，本当に意味深い言葉です。何気なしに過ごしている日々でありますが，このように考えていくと，いかに貴重な時間を持っているか，いや頂いているか考え直す必要があるように思います。そのことを若い人たち，つまり生徒に少しでも語り掛け，一人でもそれに気づかせ，有意義で幸福な人生を歩むきっかけになれば幸いではないでしょうか。また，日野原氏

第2章 (英語) 教師としての心がけ

は次のようなことも述べています。

> 「私たちの日々はそんな偶然というハプニングに満ちています。その一瞬をうまくとらえて一生ものの出会いに育てるには、<u>心のセンサーを磨き続け、新しい出会いを楽しむ余裕が必要です。</u>」(下線部筆者)

　これは、偶然に出会うことや出来事、つまり「セレンディピティ(思わぬ拾いものをする才能)」の重要性について述べたものです。このようなことを何らかの機会に生徒に話す機会があれば、教師冥利に尽きるというものでしょう。

　今まで述べてきたように、確かに人生に関わる知識を持つことは、持たないよりも有用であることは間違いありません。しかし、教師という仕事は本当に多忙な職業です。したがって、中には「時間がなくて、そんなに書物などに目を通す余裕などないよ」と言う人もいることでしょう。人生に関わる著書を読破していくためには、それ相当の時間が必要であることは言うまでもありません。分厚い一冊の本を読んでいくことは素晴らしいことですが、時間がないという方には、ダイジェスト版のような本をお勧めします。筆者もそれを利用することがあります。簡潔に著名人の人生を記述しており、あまり時間がなくても読めるし、理解しやすい本となっています。たとえば、『D・カーネギー　人生のヒント』(三笠書房)という本があります。この本は、歴史上の著名人を5分間で読める程度に簡潔に紹介した人物列伝です。以前、筆者もある高校で講演をする前に活用させてもらいました。教師対象の講演でしたので、有名人の生き方に関わる話を絡めた方が、より具体的で参加者の心に響くと考えて活用しました。

　人生に関わる知識をすべて頭に入れておくことは難しいにしても、その断片でも記憶に留めておけば、生徒にアドバイスをしたりするときなどには、活用できるのではないでしょうか。

楽しく仕事をしよう！
　時々，同じ仕事場の人から「先生楽しそうですねえ」「幸せそうですね」という言葉をかけられることがあります。先日も，たまたま廊下で出会い，挨拶を交わしたネイティブの先生から「You look happy. What happened?」と言われました。「Nothing special.」と返答しましたが，さらに「But you look happy ...」と再び言ってきました。私は間髪入れず，「OK. I will tell you one important thing.」と仰々しく言い始めて，「If you pretend to be happy, you can be happy.」と続けて言いました。そのネイティブは少し驚いた様子で，「Oh, really? Is that true?」と言いました。私は，「Yes, that's true. You should try it.」というと，「OK. Thank you.」と言って，嬉しそうにその場を去りました。
　確かに，仕事をしていると嫌なことや面白くないこと，自分がやりたくもないことをやらざるを得ない時もあります。やらざるを得ないのなら，やるしかないのです。その時に，いつまでもその時の気分を引きずったまま仕事をすると，気分がますます悪くなり，仕事の能率も悪くなります。もっと言えば，あなたの身体が悪い方向に行くことは間違いありません。精神的にネガティブな気持ちを抱いたまま仕事をすることで，悪い血が体内を流れることになるからです。どっちみち同じ仕事をしなくてはいけないのなら，気持ちを切り替えるようにして，少しでも体調に良い考え方で仕事をしてはどうでしょうか。あえて「この仕事はやっていて本当に楽しい」などと考える方がよいのではないでしょうか。実際にそうではなくても，そのように考えるようにするのです。それが「楽しく仕事をする」ことに繋がります。そうすれば，少しでも効率的に仕事ができ，気持ちがポジティブになっていくと考えます。
　確かに，教師の場合，単に仕事とひとくくりにできない様々な側面があります。教師である以上，「（英語を）教える」ということが基本になることは間違いありません。しかし，現実には別の項でも述べた

第2章 （英語）教師としての心がけ

ように，進路指導や生活指導などの校務分掌，クラスを持てばクラス担任等々の役割を担わなくてはなりません。その多忙な日々の仕事を全うしていく中で，ストレスが溜まり自分の仕事に対する熱意を失ったり，ネガティブな気持ちを抱いて仕事をしたり，自分の選んだ仕事を義務感としてしか感じられない傾向になってしまう場合もあります。そんな時には，あえて「仕事を楽しそうにする」，少なくとも「仕事は楽しい」と独り言を言いながら，やるべきことをしていくのも自分（の身体）にとってはプラスになると考えます。そうすることで，初めは「楽しくない」というネガティブな思いが強くても，徐々に自分の気持ちがプラスの方向へ向いていることに気づくことになるでしょう。

　また，今やっていること，やろうとしていることについてあまり深く考えずに，先のことに目を向けていくのもよいでしょう。やるべきことが終わった後のこと，つまり後の楽しみに思いを馳せながら，仕事をするのもよいのではないでしょうか。それでは本気で仕事をしていないのではないか，という声が聞こえそうです。しかし，「退屈だ」「やりたくない」などという思いをもって仕事をするよりも，はるかに能率が上がって仕事が捗るものです。その意味では，先のことに少しは思いを馳せながら仕事をすることは，大いに意味があることです。筆者の場合であれば，「早く（仕事を）終えて家に帰ってペットと遊ぼう！」などという思いを抱きながら，仕事を励むこともあります。そうすることによって，このテーマの「楽しく仕事をしよう！」に繋がる，明るい表情で楽しそうに仕事をするような行動に近づくことができるのです。

自らの英語体験を語ろう！

　英語教師である限り，人生の中でそれなりに英語力向上のための努力をしてきた過程があるでしょう。時にはその人生を語っていくことこそが，学ぶ側の生徒にとってとても意義深いことでもあります。

筆者の話をしますと，中学校1年生で英語を習いはじめ，何か簡単だなあ・・・という印象をはじめは持っていました。しかし，その思いは学年が進行するにつれて，徐々に変わっていきます。中学校では基本的な事項が多く，さほど学習することには困りませんでした。

　高校に入学し，英語の勉強が徐々に難しくなりました。嫌いではありませんでしたが，そこまで好きにもなってはいない状況でした。将来の方向性，つまり大きく理系か文系かを決めるときに，文系を選択し英語の方をもっと勉強しようと決めました。大学入学後は，それほど真剣に勉強をした覚えはありませんが，気持ちの中では，ESSクラブに入部してもっと英語力を付けなくては・・・という思いがありました。とはいえ，NHKラジオ放送の「ラジオ英会話」や「ビジネス英語」などを聞き続けたり，英字新聞などを読むことを通して，英語力向上には努めていました。結局，教育の方の勉強を中心として行い，英語の教員免許状を取得して英語教師になることを決めました。それが大学2年生の終り頃です。

　大学卒業後，郷里の広島に帰り，教師の道に進んでいきます。運よく，母校に赴任し，そこで恩師の先生から「これからの時代は話す（聞く）ことができないと英語教師は務まらないよ！」という言葉をいただきました。その時は，筆者自身その言葉があまりピンとこなかったのが本音です。当時は教師が英語を使って授業を展開することなど，皆無に近いことだったからです。しかし，徐々に外国人，いわゆるALTと呼ばれる人たちが，日本人の英語教師とともに教壇に立つようになり，その重要性を身にしみて感じ始めました。そこで，自らもっと英語を使える教師にならないといけないと思い，様々な努力を積み重ねてきた次第です。

　20代終わりから30代前半にかけて，仕事をしながら一生懸命英語の力を伸ばすのに精進をしました。一つは英会話学校に週に2回通うようにしました。英語母語話者と英語で話をするためです。その中で，語彙力を付けたり，リスニング力を伸長したりすることも同時にでき

ました。英会話学校に行くことは意義深いのですが，行った日と次に行く日の間にきちんと英語力を伸長するための勉強をしていくことの大切さを学んだような気がします。つまり，日々の積み重ねの重要性です。そのころから筆者自身，いわゆる Routine を持つことの意義を感じていたように思います。また，夏休みなどを利用して，英語合宿に参加しました。期間は1週間とか10日間とかの短期集中合宿です。すべて英語での合宿ですから，今にして思えば，あえてそのような場に身を置くことは，英語の発信力を伸長するのに有意義なことだったと思っています。その後も，機会を見つけては海外に出向いて英語を通して様々な体験をするように心がけてきました。この経験は，教師自身にとっても貴重な経験ですが，その話を学習者に語るのは，もっと意義深いものであると考えます。

第3章 Understanding Students and Teacher Utterance
生徒理解と教師発話

生徒への激励（授業外）

　どんな言葉を生徒にかけていくかは，教師にとって重要なことです。教師が発したその一言で，その生徒が英語の勉強をやる気になったり，その他の活動などにも積極的になることもあります。教師にとっては，その時はあまり実感としては感じられないし，時が経過すると忘れてしまいがちなものです。しかし，当該生徒にとっては，教師の言葉が心の中に深く浸み込んでいき，ある種の糧となる場合もあります。そういう意味で，教師は「声かけ」の言葉に気を配っていく必要があります。

　では，教師は具体的にどうすればよいのでしょうか。第一に，常日頃からそのための準備をしておく必要があります。準備といっても二通りあります。一つは，心の準備です。もう一つは，知識・教養を身に着けておくことです。ここでは，後者の知識・教養を身に着けておくことについて述べます。第2章「(英語) 教師としての心がけ」のところでも記述をしていますが，日常的にアンテナを張って，賢人や著名人が述べていることを日頃から注視しておくことが大切です。一般教養をより身に着けていくために，本や新聞などを読んでいくことも必要でしょう。それ以外にも，賢人等の情報を収集するためには，テレビやインターネットなどを通して，事実に基づいた信頼性のある情報を自分のものにすることも必要です。その結果，その賢人たちの言葉を引用しながら，直接生徒への激励に繋げることも可能でしょう。

そのような言葉を教師自身が自分のものにすることで，よりよい効果を生み出すことにもなります。つまり，より多くの先人の英知溢れた知識を持つことで，自分自身の言葉を創造することにも繋がることもあります。筆者の例を述べますと，これは大学の教官になった後の話です。

学生が卒業論文の執筆に四苦八苦する時期に差し掛かった頃（時期的には11月半ば頃），ある学生が筆者の研究室にやってきて話を始めました。

「先生，卒業論文なのですが，なかなか捗りません。どうしたらいいでしょうか？」

「随分前から言っていますよね。あれは4年生の初めのころだったと思うけど・・・『早めに始めないと，とんでもないことになりますから。どんどん読んで，書いていってくださいよ。あとで後悔することにもなりかねませんから』と。覚えていますか？○○くん」と，筆者は少し叱咤する感じでその学生に話しました。

「ええ，覚えています。ついつい他のことをしたり，まだ時間があるからできるだろうと高をくくっていたところがありました」と，彼は自省の言葉を口にしました。

「そうでしょう。まあ，今までのことは過ぎたことですから，もう今更言っても仕方がありません。今日からはじめないとね！」

「そうですね」

「○○くん，『気づいた時がスタートライン！』ですよ」と，筆者はその場で創造した言葉を彼に言いました。

「確かにそうですね，先生。『気づいた時がスタートライン！』今日から頑張ります」

「そうです。今日気づいたのだから，あとは始めればいいだけです。やらなかった過去を悔やみ続けても仕方がありません」

そのような会話をしたあと，具体的な論文の中身について筆者と話し，彼なりに納得して帰路につきました。彼はその後，何とか締め切

りに間に合うように卒業論文を書きあげたのです。
　それから卒業時に彼は次のように言いました。
　「先生にあの時励まされて，本当にやる気が出たような気がします。あの言葉がよかったです。『気づいた時がスタートライン！』先生，あの（言葉が入った）壁掛け，僕にくれませんか？」
　筆者はゼミ生の励みになるようにと，研究室内に直筆でその言葉を色紙に書いて壁に掲げていたのです。
　「いいよ！今後この言葉を励みにして，（教師として）君が頑張ってくれるなら，これほど嬉しいことはないから・・・」
　筆者は，そう言って，その学生にその色紙を手渡しました。
　このように，教師が生徒（学生）にかける言葉一つで，やる気を高めたりすることがあります。声かけをする言葉の力を再認識していきましょう。

生徒への激励（授業内）

　高校で英語を教えているとき，一人ずつ個別に当てて英問英答の問題に答えさせる場合があります。テキストの中に答えがある場合と自分が答えを見出す場合とあります。テキストに答えがある場合は，この答えさえ見つけられれば何とかなります。しかし，自分が答えを出す，自由回答形式の質問，つまりopen questionの場合は，生徒はまさに自分の英語力で答えるのですから，答える時の負担の度合いは高くなります。教師の側からすれば，なるべく英語によるコミュニケーションを重視した授業を展開しようとするため，英語での返答を求めていこうとします。教師としてはなるべく英語を使わせたいという意図なのですが，生徒の側では英語で答える準備が十分できておらず，うまくコミュニケーション活動ができない場合があります。
　その一つの原因は，生徒の心の中では英語を使おうとする状況になっていないことです。そのような雰囲気や気持ちを作り出していくのは教師自身なのですが，それを教師自身が怠っていたりすると，生

徒の中に緊張度やフラストレーションが高くなったり，やる気をそがれてしまったりします。それによって，生徒が答えようとしても，生徒自身の中に「英語で何と言ったらいいのかなあ？」「間違っていたらどうしよう？」などという不安を抱くものです。それを払拭するのは容易なことではありません。しかし，教師の方が生徒を追い詰めていくような言動をしてはいけません。むしろ，生徒に答えやすいような安心感を与えることが必要です。それでなくても，周囲の生徒の目線を気にして，英語を発しにくいという気持ちになることが多いものです。その解決法の一つとして，日常的に生徒が英語を使用しやすい，発話しやすい雰囲気作りをしておくことが大事でしょう。つまり，常日頃から教師は，次のように生徒に言い聞かせておく必要があります。

「間違えても大丈夫，誰しも間違えて上達していくものですよ。失敗しながら，みんな何でも上達していくのです。『失敗は成功のもと』というでしょ？先生だって，最初から今のように英語が話せたわけではないし，今だってずっと勉強をしています。壁にぶち当たりながら，それを乗り越えようと頑張っていくものです。みんな一緒ですよ！気にしなくてもいいのです，失敗することを！失敗することで，これではいけないということを学べますから。それで成長できるのです・・・」

要するに，教師自身が授業中自らの体験を語りながら，生徒に英語を話そうとする気持ちにさせていくことが大切だと思います。しかし，生徒が英語を口から出そうとしない，人前で英語で話そうとしない場合です。そのような場合に，教師はどう対処すべきでしょうか。無理矢理生徒にやらせたのでは，本当の意味で英語を発しようとする生徒を育てていくことにはなりません。筆者の場合は，粘り強く勇気づけをし続けました。以下は，その一例です。

ある日，英語の授業で順番にスピーチをすることになっていて，ある女子生徒の番がやってきたときのことでした。その女子生徒は，プレゼンテーションの発表をとても嫌がっていました。人前，この場合

は他の生徒の前で発表することが好きではなかったのです。英語による発表ということと，皆の前で発表をすることが嫌だったことの両方があったようです。
「〇〇さん，発表ですよ」
「・・・」
「どうしたのですか，〇〇さん？準備はしていないの？」
「・・・」と，その女子生徒は返答はしませんでしたが，首を少し振り，ジェスチャーで「準備はしている」ということを示しました。
そこで筆者は，柔らかく彼女に促しました。
「準備はしているんでしょ？それだったらやってみたら？出来るよ，準備しているんだから」
「ううん，・・・」
「どうしたの？できないの？」と彼女に聞きました。
「・・・」返答はしないで，首を縦に振るだけでした。
「どうして？失敗すると思ってるの？」と聞き返しました。
「うん」という返事が返ってきました。
「大丈夫！大丈夫よ！〇〇さん。それに失敗したっていいじゃない。先生だって何度も失敗してきたんだから。そんなこと気にしないで，頑張ってやればいいことよ！」
「・・・」
「本当にそうよ！先生の人生の中で，失敗という文字を探すのはすごく簡単，でも，成功という文字を探すのは大変よ！それだけ失敗続きの人生だったんだから・・・」
その女子生徒は，少し顔をあげました。でも，その表情はまだ暗いものでした。更に，筆者は人生の話に関係づけながら，彼女を更に勇気づけようとしました。
「同じことを言うようだけど，失敗してもいいじゃない。勇気を出して，一生懸命やることが大切じゃあない？結果は結果よ。誰しも失敗はあるし，それは英語だけに限ったことじゃあないと思うよ。頑張っ

てみんさい。結果はどうあれ，努力して一生懸命やってみんさい」などと言って，筆者も必死で彼女を説得し，勇気づけようとしました。その結果，やっと彼女は重い腰をあげて席を立ち，前に出て発表を始めたのです。その様子は，彼女が先ほど述べた「失敗するのが嫌」という言葉のような姿はあまり感じられず，かなり堂々とした態度で，他の生徒の前で英語の発表を何とかやり終えたのです。筆者も安堵しましたが，彼女も本当にほっとした表情をしていました。

　人間一生懸命やろうとすればできないことはないのです。その壁を作っているのは，自分自身なのです。上述した経験は，そのことを如実に示していると感じました。誰しも「やればできる，やればできる」のです。自分で勝手に自分の人生の道に壁（特に，心の壁を）を作っているだけなのです。その壁を作らないように，いやたとえ壁を作っても，それを乗り越えられるように，教師もしっかりと手助け（サポート）をするように努めるべきです。

英語学習の意義

　英語学習に関して，教師の立場ではなかなか理解しにくい部分もあります。教師自身が若いころに苦労した経験を想起し，生徒の立場に立つ必要があると考えます。英語を勉強しなさいと口を酸っぱくして言っても，そう簡単に生徒が本気で勉強するものではありません。英語を勉強すること自体に意味を見出しにくい生徒がかなりいるからです。ここで考えてみてください。生徒から次のように聞かれた時，あなたはどのように返答をしますか。

> 先生，どうして英語を勉強しなくてはならないのですか。英語なんて必要ないと思うのですが。

　生徒がここで尋ねていることは，まず基本的に英語をする意味がないということを言っています。日本社会にいて，英語なんて必要ない

と言っているのです。一般的に，「大学受験で英語が必要でしょう」などという外的なものに答えを見いだすこともあるでしょう。これはその時受験のことを真剣に考えている生徒であれば，効果があるでしょう。しかし，高校1年生が聞いたとすれば，少し説得力に欠けるのではありませんか。すぐに受験とはならないし，すぐに3年生になるから，今から準備しておかないといけないよ，などと言うのも説得力のある答えとは言い難いでしょう。正直言って，的確に「これが正解」というものはありません。筆者の場合，今ではよく次のように答えています。

> 英語っておそらくすぐには必要ないと思いますよ。受験とかで必要性を感じない限りは。でも，私が60年余り生きてきて（実質的には英語という言語と50年くらい付き合ってきて），一つだけ確信を持って言えることは，「英語をやっていて損をした，やらなきゃよかった！」と後悔したことは一度もないということです。つまり，「英語は本当に役に立つ，便利だ。英語をやっていてよかったなあ！」という思いしか浮かばないのです。例えば，海外旅行へ行ったとしましょう。タイでもいいです。もちろん，現地で日本語を操る人も中にはいます。でも，ホテルでは英語です。英語を使えれば何とかコミュニケーションを取ることができ，スムーズに意思疎通ができます。困ることはあまりありません。2つ目に，海外の友人が増えて人間的な幅が広がります。今では，メールでやり取りしたりするのも英語ですから，本当に役に立つツールです。何といっても英語で話していて楽しいです。それは日本語ではない，言語の特性，背後にある文化が関係してくるのかもしれません。相手の考えを英語を通して聞くことで，その人のバックグラウンドを知るようにもなります。こちらはこちらで，日本人的な考えを英語で伝えるので，相手も感心することもあります。それは人間性とも絡んでくるかもしれません。・・・

上記のような返答をよくします。受験等を答えに絡めると，それは短期的目標に過ぎず，長期的な（生涯的な）英語学習に繋がりにくいのではないでしょうか。やはり，人生経験を絡めた話が，生徒に一番影響を与えやすいと言えるのかもしれません。「英語は本当に役に立つよ。具体的には・・・だよ。」などと経験を踏まえた話をすると，話の内容が説得力をもち，生徒も納得しやすく，英語学習の動機づけに繋げやすくなると考えます。

教師の声かけ・話を聞く姿勢

　とかく，教師は話したがる傾向があります。ある意味，教師は話すのが商売ですから，致し方ありません。言葉を発しないと，最終的には相手に言いたいことが伝わりません。特に，授業に関して，非言語ばかりでできるものではありません。確かに，非言語表現を使用して生徒を引きつけ，授業に巻き込み，インパクトを与えたりすることは大切です。とはいえ，それだけで英語の授業を展開するのは不可能です。それ故，教師はよく話しますが，一方的に話してばかりでは生徒理解には繋がりません。やり取りを通して，生徒の声を聴く耳を持つ必要があります。

　例えば，授業内でタスクを与えて，生徒同士のインタラクションをさせます。その際，生徒がやり取りしている最中に，机間巡視をして彼らの声に耳を傾けます。生徒が発している声の大きさはもちろん，英語の発音や表現などを念入りに聞きます。その際，気になることがあれば，支障のない範囲で即座にアドバイスをした方がよいでしょう。発音でf/vの発音が気になれば，「ちょっと正確ではないようね。下唇を少し噛んで発音したらもっとよくなるよ」などと，一言アドバイスをするのです。

　また，発問して生徒に答えさせる場合など，声が明瞭でなく，小さい声でぼそぼそと答える生徒もいるでしょう。その時英語で「Speak louder, please!」とか「Have more confidence to speak!」などと言っ

て，その生徒を励ましてはどうでしょう。生徒が英語を聞くのが難しいようであれば，日本語でも構いません。特に，生徒が使った英語表現が明らかな誤りであった場合（特に，語彙や文構造等に関わる間違いで理解するのが難しいような場合），生徒の性格や状況にもよりますが，何らかの形で修正をしていく方がよいと考えます。例えば，生徒の発話に3人称のsが落ちていた場合，そっとやわらかい言い方で「この英文は，主語が3人称だから・・・」と言いかけて止めてみるのです。そこで生徒に気付かせていく方法を取るのです。それによって，対象の生徒には，よりそのことが頭（心）に刻まれるのではないでしょうか。これらのことをするには，先ほど述べたように，『生徒の声を聴く姿勢を持とう』とする教師自らの姿勢があればこそ，可能となると考えます。

　英語の問題をやらせる最中も，生徒の表情や様子に注意していく必要があります。生徒の中には，小声でボソボソと何か言っている者もいるかもしれません。その時，教師が声かけをし，生徒の声に耳を傾ける姿勢を持っていると，「問題難しい？どこが難しい？」などと生徒の反応を促し，問題解決に繋げる方向に持っていくことも可能でしょう。これは教師の日常的な生徒観察や積極的な教師の声かけがあって初めて可能なことです。

学習者個々の（思いへの）理解

　英語を勉強する上で，ただ単に英語という教科でよい成績を取ることが最終目的ではありません。これはどの教科にも言えることです。確かに，そのプロセスでよい点数を取る，よい成績を取ることはありえることでしょう。根本的には，英語という教科学習が何に繋がるのかを思考させることが必要だと考えます。つまり，英語学習をすることが自分にとってどういう意味を持つのかを生徒に少しでも考えさせていき，教師との対話に繋げられたらと思います。

　生徒にとって，英語という教科が存在するから仕方なしに勉強する，

という思いが当然のことながらあるでしょう。日本という国（政府）が，教育の歴史の中で「英語を教科の一つとして学習する」ことを決めているのですから。しかし，英語を学習していくプロセスの中で，英語を学習する意味を個々の生徒に思考させ，教師と対話をしていき，それぞれが自分の考えを持っていくことが必要でしょう。

　例えば，生徒が「英語は難しい！」「英語は面白くない！」などというネガティブな思いを持ったり，それを言葉に出したりすることもあるでしょう。その時点では，そのような思いを持っても仕方がありません。これまでの英語学習歴の中で，それぞれの生徒がそのような思いを抱くように教えられてきたり，あるいは英語（学習）のもつ楽しさなどを知らされてこなかったのでしょうから。ここが大切なポイントです。英語学習に対する個々の生徒の思いを受け止めること，つまり生徒理解が教師の重要な仕事の一つなのです。個々の生徒の思いを理解し，それを踏まえた上で教師が対話し，英語（学習）というものの（本当の）意味を理解することに繋げていくのです。

　英語（学習）に対する個々の生徒の思いが，ネガティブなものからポジティブなものへ転換していくことこそが重要なのです。その転換が行われれば，自ずと生徒は英語に対する勉強の仕方も前向きになり，次へのステップに繋がる可能性が出てきます。次へのステップとは，英語を使って何かをすること（仕事など）です。たとえ職業としての英語に繋がらなくても，人生を歩んでいく上での英語の活用や生涯学習的なものに繋がっていければ幸いです。英語教師の重要な役割の一つがここにあります。つまり，先ほど述べたことですが，個々の生徒（の思い）を理解し，それを踏まえて何らかの形で，その教科の学習を将来へ繋げていくことです。結局，この項で述べたことは，筆者の「英語学習は人生（生涯）学習だ！」という考えに繋がります。

　上述したように，そのためにも，まずは生徒の英語（学習）に対する思い・考えを理解していくことから始まると考えます。様々な考えを持っているでしょうから，個々の生徒の思いをしっかり受け止めて，

そのあと英語（学習）に対する教師の考えを示していくのが賢明と考えます。それによって，生徒が英語を学習する意味を見出し，よりやる気になれば幸いでしょう。

発話練習の必要性

　教師が授業等で生徒と話をする際に，明瞭で相手に分かりやすい英語話者に近い発話することが必要でしょう。特に英語を使用する際は，生徒が教師の発話を聞き取り，理解することが大切です。確かに，英語力の差異があって，教師の言っていることが聞き取れないという場合もあります。当然のことですが，その際，学習者の英語力（特に，リスニング力）を考慮した指導が必要となりますが，教師の話すレベルに近づけようと努める姿勢を持っておくことも大事です。そのためには，生徒理解を十分しておく必要があるでしょう。それがなければ，授業内での臨機応変な対応は難しいと考えます。日頃から個々の生徒について，ペアワーク活動や英語での説明時やそのあとの様子などを十分観察しておき，対応ができるようにしておくことは大切です。

　さて，このタイトルにある発話練習という問題ですが，教師の発話が，いわゆるネイティブに近いクリアで抑揚のあるリズミカルな発話である方が望ましいということは言うまでもありません。これは第2章「（英語）教師としての心がけ」でも述べていることですが，日頃から英語の発話が上手になる練習を心がけていくことが肝要です。英語教育の中では，「World Englishes」という考え方がかなり浸透しているように思います。確かに，英語でのコミュニケーションが可能となること，つまり自分の伝えたいことが伝わり，相手の言っていることが理解できることが大切です。しかし，自分の考えが伝わればよいというレベルではなく，その上のレベルを目指してほしいと筆者は考えています。先ほど述べたように，英語教師は，よりクリアな，できるだけ日本語訛りの少ない，生徒にとって Role Model となりうる英語を話せるように努力をする必要があります。英語教育の世界でなけ

れば，この点に関してここまでは強調はしません。しかし，英語教師として生徒の前で英語を教えていくわけですから，生徒の手本となりうる英語教師であってほしいと考えます。今現在そのようでなくても，教師自身がその努力を怠らず，生徒の前に立つことが大切と考えます。筆者自身も，日常的にその努力を怠らないように努めています。英語番組を聞いてまねる練習をすることはもちろん，時折自分の声を録音し，それを聞くことで自分の反省点を見出すこともします。今はデジタル機器が進んでいますので，それを活用して発音練習をすることも可能です。

　とにかく，生徒の英語力を伸長するために，一英語教師として教壇に日々立っていくわけですから，英語学習者である生徒のために，よりよい英語発話が可能となるように，教師自身の日々のたゆまぬ努力が必要であることは言うまでもありません。一教師として多忙な日々を送らなければなりませんが，自らの総合的な英語力，特に英語発信力を伸ばす意味でも，生徒の Role Model になりうる英語教師として日々精進をしていきましょう。それが英語教師として不可欠な務めであると信じます。

英語学習の困難性

　英語力向上に向けた学習が困難であることは，誰しもが経験することです。それは他の教科とは異なり，学習する際の言語が異なるからです。その点を踏まえながら，生徒が英語学習を困難に感じることに関して，適切な助言や指導をしていく必要があります。そこで，やはり重要となるのが教師自身の英語学習経験です。教師も単純に気楽に英語を勉強し，英語力をつけてきているわけではありません。いろいろと苦労を重ねながら，現在の教師になりうる力をつけてきています。その苦労した経験を生徒に披露しながら，生徒の抱える困難性に寄り添うことが可能になると考えます。ただ英語学習の苦労話だけをしていては，本来は生徒が学習に積極的に望んでいくとは思えません。英

語学習の楽しさも同時に伝えていくことが肝要です。しかし，このセクションでは，英語力向上のための学習の困難性に焦点を当てていますので，その観点から話を進めていきます。

　さて，教師自身が今まで経験してきた英語学習に関わる苦労話ですが，筆者の場合を少し披露しましょう。筆者はもともと英語には中学校の時から興味を持っていました。それは言語自体が異なり，日本語とは違う独特な発音や字体などにも関心を持ち始めたことも理由としてあると思います。やはり，英語学習では単語を覚えること（そのスペリングも含めて）や独特の発音などには苦労した覚えがあります。なかなか頭に入ってこないことに苛立ちを覚えたり，意味が一様ではないことの複雑さに困惑したりしました。しかし，中学校の時の英語学習はそうはいっても容易なものであったように思います。高校に入ってからの英語学習は難関でした。文法事項が極端に多くて難しくなり，しかも覚えるべき単語の数が半端なく多くなったからです。長い単語も増え，先ほど述べたように，一単語で複数いや多くの意味を持つものがどんどん増えて，単語（の意味）を記憶する困難性が高まった覚えはあります。

　でも結局は，地道に学習し覚えていくしかないのです。英文構造も複雑になり，意味をとるのに苦労しはじめ，英語に対する拒否反応が少し出始めていました。それを乗り越えるには，「ただ英語を勉強しなくてはいけない」「覚えなくてはいけない」という思いばかりでは困難な状態から脱却することは難しいでしょう。その時に，英語を学ぶ楽しさを自分の中に見出すことができれば，学習にも多少なりとも弾みがつくものでしょう。つまり，筆者が若い頃あまり経験できなったことですが，実際に英語を使用してみて英語でコミュニケーションをする喜びを味わうとか，授業内で英語でのやり取りを通して，その達成感のようなものを味わうことも必要でしょう。たまたま高校時代の恩師は，英語をコミュニケーションとして使用することの重要性を主張する教師でした。つまり，英語を聞いてそれを発信することの大

切さを筆者にも語っておられました。筆者も口から英語を出すことや英語で文章を書くことに向けて，少なからず努力をしてきました。

　英語教師を志し始めたころも，ネイティブと英語で話すことを心掛け，特にラジオの英会話番組は必ず聞くようにして，口でまねる練習をしたものでした。実際に教壇に立ち始めてからも，これからの時代は英語を話すことが重要視されるという恩師の言葉を心に秘めて，英会話学校へ通ったり，自分で日々その練習をしたりしたものでした。簡単には英語発信力はつきませんが，一歩一歩前進するつもりで努力を重ねていきました。その結果，今の自分があると信じています。

　要は，英語教師は皆，英語力を向上させるために，何らかの困難な場面に遭遇しています。その困難性を十分自覚している訳ですから，生徒に自らの経験を語りながら，同時にその困難性をより克服しやすいアドバイスをしていくことが肝要と考えます。

言葉以外も大切に！

　教師という職業をすることは，言うまでもなく人間を育てることに関わることです。人間成長の一助をなす重要な仕事です。人の成長を手助けするためには，その人とやり取りをする必要があります。その際，教師と生徒という関係は当然ありますが，上下関係で意思疎通するよりも，同じ一人の人間としてやり取りをすることが大切です。相手とやり取りをする際には，口から出てくる言葉以外に，言語以外の要素も大きく関わってきます。これは人前でプレゼンを行う際と同じです。つまり，非言語コミュニケーション（Non-verbal communication）の部分が関わってくるのです。プレゼンテーションの話をする際には，必ずこの非言語コミュニケーションが出てきます。

　そこで，コミュニケーションにおいて相手に伝わることとして，「話す内容」「話し方」「ボディランゲージ」の３つが挙げられます。

　「話す内容」とは，その中身（この場合，授業内容）のことであり，この部分が非常に重要な位置を占めることは言うまでもありません。

しかし，相手（生徒）によい（悪い）印象を与える意味においては，それ以外の部分，つまり「話し方」や「ボディランゲージ」が大きな割合を占めることを明示しています。「話し方」とは，話すスピード（speed）・声の大きさ（volume）・声の高低（pitch）・声の質（quality）・口調の滑らかさ（fluency）・発音の明瞭さ（articulation）・活発さ（animation）・ポーズ（pause）などです。また，「ボディランゲージ」は，ジェスチャー（gestures）・アイコンタクト（eye contact）・顔の表情（facial expressions）・姿勢（posture）・動き（movement）・外見（appearance）などです。この「話し方」と「ボディランゲージ」は，いわゆるNon-verbal Communicationに属すもので，これによって聞き手（生徒）が授業の内容以前に，かなりの評価をしてしまっていることを意味します。

　つまり，相手に自分のメッセージを伝えようとする際に，顔の表情や身体の動きなど，相手から見える部分が特に影響を与えます。親身になって相手のことを考え，相手とやり取りをしようとしている時，自然にこの非言語的な要素が身体から現れてきます。

　その際一番重要となるのが，アイコンタクトです。昔から「目は口ほどに物を言う（The eyes are as eloquent as the tongue.）」と言います。確かにその通りです。目が訴える度合いは，日常生活でも非常に大きいものがあります。教室という場面でも，目の前の生徒に対して授業をしている際には，相手の目を見ながら，身体を使ってメッセージを送ることが必要です。これをするのが教師です。英語という科目を真剣に教えようとしている教師の姿勢は，生徒の目に焼き付くものです。身体のしぐさ，アイコンタクトなどを駆使しながら，教師は授業内容に関わるメッセージを言葉で伝えていくのです。このことに関しては，第4章「英語指導の実際」第2節「英語授業中」の項で詳細に述べています。

発問の工夫

　授業内で生徒とやり取りをする際に基本となるのが，教師の発問の仕方です。一言で発問と言いますが，とても難しいことです。テキスト内容に照らし合わせて，どんな発問をしたら生徒が答えようとしやすいか，考えようとしてくれるかなどを真剣に考えなくてはいけません。教科書には，基本的な質問項目が入っている場合が多いものですが，それ以外にも教える生徒のことを念頭におきながら，発問を考えるのが教師の務めです。

　そこで，発問をする際に注意すべき点があります。それは，生徒の英語力などを多少なりとも考慮しながら，簡単な質問から難しい質問へと移行することです。学年の始めでは十分に把握できていないので対処するのは難しいかもしれません。しかし，その際でも尋ねられる生徒の様子などをよく見て，発問した方がよいでしょう。いきなり考え込ませるような難しい質問をするのではなく，考えやすいようなことを聞いていくのです。つまり，簡単な質問から尋ねていくことです。

　それでは簡単な質問，答えやすい質問とはどんな質問でしょうか。はっきり言うと，Yes/No で答える質問です。生徒は答える際に少しは考えるかもしれませんが，Yes/No で答えればいいのですから，wh 疑問詞に比べて返答はしやすいでしょう。例えば，「Do you like traveling?」と尋ねられる方が，「Where do you want to travel?」よりも簡単でしょう。Yes/No の質問のあとに wh 疑問で尋ねるのが会話の流れでもあり，より返答しやすくなると考えます。そのあとに，「Why?」という質問を加えていくとよいでしょう。

　テキストを基に発問する際も，生徒の英語力を考慮しながら，簡単なものから難しいものへ移行していきます。それを常に念頭において発問を工夫すれば，生徒の方も教師の質問に少しでも返答しやすくなるのではないでしょうか。テキストに基づいて明確な答えが出るものなら，生徒も答えを探せばよいわけですから，答えやすいでしょう。当然その前提として，学習内容を理解しておかないといけません。し

かし，それに続く質問，つまり生徒の考えについて聞く open question です。「What do you think will happen after that?」などはその典型的な質問でしょう。テキスト内容に照らし合わせて，生徒に想像させて，その後に起こることを答えさせていくのもよいでしょう。内容から個人的なことに関わる質問も考えられるでしょう。生徒の英語力を考慮しながら，この質問をいきなり個々の生徒にするのではなく，その前段としてペアワークなどを入れて，隣同士で会話をさせた後，教師が個々の生徒に聞いてみるのも一考でしょう。その辺りは，生徒実態をよく把握している教師自身の判断によります。

この「発問の工夫」に関しては，田中武夫・田中知聡共著の『英語教師のための発問テクニック』(大修館書店) が出ております。具体的に様々な発問場面を想定して詳細に記述してありますので，授業内で発問をする際の参考にしてください。

日々の観察からの対話

対話をしようと思えば，常日頃から生徒たちに目を向けておかなくてはなりません。担任をしている場合は，接する機会が多いので，人数は多くても毎日会うことで観察をし，その様子をきちんと把握しやすいでしょう。しかし，授業の中だけの接触となればそうはいきません。授業という短時間で，生徒の様子をできるだけ把握していくことになります。その日の生徒の様子について，最近少し落ち着きがないなあとか，授業への集中力を欠いているなあとか，あるいはボーっと何もしようとしていないなあ等，対象となる生徒に関して，知りうる今までの様子や人間関係などを踏まえて推測することになります。しかし，そこで留まっていては生徒を十分理解することはできません。

生徒を本当に理解しようとする場合に，対話が必要であることは言うまでもないことです。相手を理解する場合に，相手と話もせず理解しようとしても無理があります。確かに，他の誰かから情報を得て，当の本人のことを知ることはできないことはありません。しかし，そ

れはあくまで間接的に対象となる生徒の情報を得ただけのことですから，その信憑性も不確かなものがあります。相手のことをきちんと知ろうとするなら，直接面と向かって話すことが一番でしょう。

　今の時代，直接会うことができないなら，SNSやその他のメディアを使用して，その人と文字媒体で対話をすることは可能です。しかし，書いた言葉がどの程度確かなものであるかは疑わしいものがあります。確かに日常生活において，メールのやり取りで事が進んでいくことは頻繁になりました。個人的なものでないならば，つまり会議の議題のような内容であれば，メール審議で事足りる場合もあるでしょう。しかし，個人のことに関わる話であるなら，文字媒体の場合は誤解を生む可能性があります。筆者自身もメールでのやり取りで誤解を招いてきたことがあります。誤解を招くと，その誤解を解くのに時間と労力を要します。直接話をする場合には，相手と面と向かっているので，誤解が生まれにくいでしょうが，書き言葉ではそうはいきません。書いた言葉を送信してしまうと，消し去ることはできません。そこで注意すべきことは，メッセージを書いていく過程で，誤解を招きそうな言葉は極力控えるように努めていくことです。その意味でも，メールでのやり取りだけで相手を理解しようとする際は，少し慎重になるべきでしょう。

　むしろ，メールにするくらいなら，電話をかける方がよいと考えます。電話でのやり取りによって，生徒を理解していくことはできます。そうはいっても一番良いのは，面と向かって（face-to-faceで）話して，生徒の話す言葉ばかりでなく，その人の表情やしぐさ，特に目をしっかりと見て話を聞いていくことです。そのことによって，より相手への理解が深まる可能性が高いと考えます。特に，生徒が何かしらの問題や悩みを抱えている場合は余計にそうでしょう。

　今まで述べてきたことは，一般的なことで，広くは生徒指導的なことになりますが，英語教師として考えるなら，該当生徒の英語に関わる相談等をしっかりと受け止めて，より適切なアドバイスができるこ

とに繋がるでしょう。具体的には，英語の勉強方法に始まり，リスニングやライティングなどの技能がなかなか向上しないとか，単語や文法の力がつかないなど，考えられます。その際，教師は自らの経験や周囲の英語教師から聞いた話，あるいは読んできた書物の内容などを基にして，英語（学習）に関して，個々の生徒が直面している壁や悩みに対して，その時点で最善と思えるアドバイスをするように努めなくてはなりません。

第4章 ENGLISH TEACHING

英語指導の実際

第1節　英語授業前

学年最初の授業

　学年最初の授業は，教師にとって最も重要な授業の一つです。ここで，次の質問について考えてみましょう！

> 学年最初の授業は，何故そんなにも大切なのでしょうか？理由も合わせて考えてください。

　自分なりに答えは出せましたでしょうか。それでは上記の質問について，筆者の考えを述べていきます。一番大きな理由は，授業方法や授業規律を含めた授業全般の内容を提示する必要があるからです。他の授業でも当然このことについて，各先生方がそれぞれのやり方で述べられるでしょう。しかし，あなたは自分自身の言葉で生徒に対峙して，自分の授業について詳細に，しかも明瞭に語る必要があると思います。
　要は，英語の授業に集中して学習すればよいことなのですが，それができにくい生徒がいるので，それなりの方法を取らざるを得ないのが現実です。英語の授業に集中しにくいのなら，そのような指導を徹底するしかありません。それには内面から攻めていくか，外面から攻めていくかの2つの方法があると考えます。

前者の方は，別のセクションでも述べていることですが，生徒の内面に迫る方法ですので，英語授業内容や展開方法を工夫するなどして，生徒に興味を持たせて授業に集中させ，英語指導をより円滑にし，生徒のためにもなる方法を取ることです。ここでは，学年最初の授業ですべきことですから，後者の外面的に生徒に迫っていく方法について述べます。

　これは，授業内の規律を徹底することで授業をスムーズに展開することです。簡単なように思えますが，教師の立場から授業運営を円滑にするための方策ですから，なかなか難しい面があります。しかし，一部の生徒の迷惑のせいで，他の生徒が集中して英語学習に取り組めないのは理不尽です。それを防ぐ意味でも，教師自身が覚悟を決めて，授業規律の徹底に取り組む姿勢を学年の最初に宣言することが肝心と考えます。

　具体的には，授業規律に関しては授業の出欠や授業態度等です。特に，後者のことは授業運営に関わることなので，詳細に明確に生徒に提示し，遵守するように明言する必要があります。例えば，私語をするとか，周囲に迷惑な態度をとるとか，居眠り，スマートフォンをいじるなどです。それに加えて，注意をされた場合のペナルティ等についても，最初の授業で明確に伝えておく必要があります。授業にふさわしくない態度や姿勢に関して，注意された場合，どのように対処するかです。例えば，「その授業での平常点に関して，マイナス点をつけることになります」，などと明瞭に伝達するのです。具体的な方法は，教師自身の判断です。しかし，現実にクラス内に消極的な参加や授業展開を妨げるなどの行為をする生徒がいる場合は，授業規律を徹底し，毅然とした態度で臨むことが肝要と考えます。

　以上述べてきたことは，筆者が考え，実践してきたことですが，その後の授業を円滑に行う意味でも，学年で初めて行う授業（オリエンテーション）においては，しっかりと計画を練って，ハンドアウトを用意して生徒に説明をしておきたいものです。

クラス実態を知る

　兵法の中によく引用される「彼を知り己を知れば，百戦危うからず」という有名な言葉があります。これはあくまで戦いの場での話ですが，教壇に立って英語教師が授業を行う場でも，授業をする前に必ず知っておくべきことがあります。それは，そのクラスの実態です。それを知っておくかおかないかで，生徒に対する指導がうまくいくかどうか左右することがあります。実際に教師自身が教えながら，クラス状況を把握する方が当然のことながら正確ですが，事前にこのクラスはどのようなクラス（雰囲気など）で，どんな生徒がいるかなどの情報を持っておく方が指導が，うまくいく場合が多いように思います。クラスの情報を仕入れるのは担任の先生や他の英語の先生でも構いません。ある程度の予備知識を持って授業に臨むと，いろんな対応がスムーズになる可能性が高いと考えます。具体的には，クラスの雰囲気があまり英語を学習するようなものでない場合，つまり教師に対する反応がほとんどなく，暗い雰囲気のクラスだったりする場合があります。その場合，少しクラスの雰囲気を盛り上げるための準備をしてみることもできるでしょう。

　個々の生徒を見ると，よく手を挙げて教師の気を引こうとする生徒がいたり，落ち着かなく他のことをして，授業に参加しない生徒や授業の妨げになるような行為をする生徒がいたりすることもあります。そのような生徒を巻き込んでいく授業工夫が必要です。そのために授業をするクラスの実態を少しでも知っておくことで，その準備が可能となります。上記したことは，具体的に実際に行う授業のための準備の話です。

　もう一点，事前に実態を知ることでの利点があります。それは心の準備です。どんなクラスか，どんな生徒がいるのかなどを知らないが故に，緊張感が高まることが多いと思います。知ることによって多少の安心感が生まれるのは間違いないでしょう。先ほど述べたように，事前にクラスのことを知ることによって，教師自身がそのクラスで英

語を教える心の準備や実際に行う授業の周到な準備をすることが可能となるでしょう。そのことによって，実態を知らない場合よりも，余裕をもって授業を展開でき，個々の生徒への対応が可能となります。例えば，少しおしゃべり好きな生徒がいる場合，それを想定した活動や内容を準備したり，英語学習の方に巻き込んでいったりできる展開を思考しておくこともできます。そのためにも，少しでも英語（学習）への関心を高められるような活動を取り入れたり，学習内容に関連のあるような話を持ち込んだりする工夫が必要でしょう。

よりよい発音に向けた努力

　英語の教師である限り，日々研鑽を積んでいくことが必要であることはいうまでもありません。生徒のためにもいろいろなことをする必要がありますが，その中の一つに発音上達への努力があります。これは，よく中学校の生徒や保護者などからも出てくることですが，「あの英語の先生，発音がどうも・・・」という言葉です。また，「あの先生の英語の発音を聞いただけで，英語学習へのやる気がそがれる」と言う生徒もいるようです。確かに，発音は一朝一夕に上手になることは難しいと思います。しかし，英語教師として，それなりに努力をすることは必要でしょう。その努力してきた経緯を生徒に話すこともできるでしょうし，英語を発音することの難しさを伝えることもできるでしょう。個人差はありますが，ある程度生徒が期待しうる発音ができるようになると思います。そこまでいけば，大丈夫でしょう。

　問題となるのは，英語教師自身が発音に関わって何も努力もせず，いつまでも日本人訛りのひどい英語を生徒の前で披露することです。英語を教える立場の教師は，曲がりなりにも生徒の手本となるように努める必要があります。そのためには，英語教師の不断の努力は不可欠です。先ほども述べたように，英語の発音を一朝一夕に上手になることは難しいことです。それ故，焦らず地道に発音練習をしていく必要があります。英語の発音を上達させるには，自分で地道にやって

第4章　英語指導の実際

いくしかありませんが，授業は待ってはくれません。日々の授業に関しては，少なくとも次の授業内容の英文及び単語や語句は，何度も読んで練習をしておくことが必要です。もし外国人講師など，英語の発音を聞いてもらえる人が身近にいる場合は，頼んで協力を得るようにしたらどうでしょうか。すべては生徒のためですから，快く引き受けてくれると思います。そのような人が身近にいない場合も，発音の上手な教師に聞いてもらうことを勧めます。

　そのような努力と並行して，自分でも時間を見つけて，自らの発音を録音して聞いてみることも勧めます。自分の英語がどのように生徒に聞こえているのか，発音のどんな点を修正すべきなのか，自分で確認することは重要です。そうすることによって，発音を上達させるきっかけにもなりますし，何をどうしたらよいのか具体的な実践を行うことも可能となります。筆者の場合もそうですが，実際に確認をしてみると，思っていたほど自分が上手な発音ではないと感じることがあると思います。

　また，英語の発音上達に関して，ある程度の成果を早めに得ようとするなら，自己投資も必要となります。先ほど述べたように，他の外国人に発音をチェックしてもらう機会がない場合には，特に，英会話学校の講師から個人指導を受けていくのも一つの方法です。筆者の場合，前にも述べましたが，20代終わりから30代前半のころ，英語力向上，特にリスニング力やスピーキング力を向上させるために週2回英会話学校に通っていました。当然，英会話学校に通うための投資をすることによって，家計の負担にはなっていましたが，家族の理解を得て何とか通っていました。その時，外国人から発音指導を受けて，徐々に上達していったのを覚えています。手前味噌ですが，今では大学で教えている学生や職員研修に関わって講師を務めていますが，「先生のような発音ができるくらいになりたい」とか「先生の発音はいいですね」などと言われる程度にはなっています。これもある程度の投資をし，自分なりに努力してきた成果だと自負しています。

英語に興味を持たせる工夫

　生徒に英語（学習）に対して興味・関心を持たせることは，英語教師にとって英語教育が始まって以来の永遠のテーマとも言えるほど大きなものです。しかし，目の前に英語を勉強している生徒がいるのです。したがって，教師自身が常日頃から，この大きなテーマに対して頭をひねり，工夫を凝らしていく必要があります。その前提として，教師自身がそのための工夫に対して，面白さや楽しさなどの気持ちを抱くことができるかどうかにもよると考えます。ここで問題です。

> あなたが，生徒に英語に興味を持たせる工夫として考えられることは何でしょう？少し考えてください。

　筆者が考える生徒に興味を持たせる工夫は，以下の項目です。

（１）英語の背後にある文化的要素を絡めた話
（２）音楽（英語の歌）の使用
（３）動画やビデオなどの使用
（４）クイズ形式での展開
（５）英語学習体験談（自己体験及び有名人の英語体験など）
（６）海外（旅行）体験談
（７）短期目標（受験など）に関わる英語（学習）の話

　皆さんはどのように考えましたか。他にもさまざまな方法があると思います。ここで（２）音楽（英語の歌）の使用について述べます。
　特に中学生・高校生の年齢では，歌を聴かない生徒はほとんどいないと言っても過言ではないでしょう。それを英語の歌に変えただけの話ですから，生徒が歌の中にのめり込んでいくことは間違いありません。その際に注意しないといけないのは，生徒が興味・関心を持ちそうな英語の歌を選ぶことです。若者が好きなテンポや歌詞であるかど

うか，教師自身がしっかり吟味する必要があります。もし自分の判断に自信がなければ，同僚の英語教師に相談してみるのもよいでしょう。

　随分前のことですが，サザンオールスターズの英語版の歌を活用して英語の授業に取り入れて展開したことがあります。最初は，多少不安はありましたが，実際に使用してみると反応がよく，別の授業で「サザンの曲は聞かないの？」と聞かれたり，学期末ごろには，「サザンのアルバムが欲しいんだけど・・・」と録音をせがむ生徒もいるくらいでした。これは純粋な英語の曲ではなく，英語版に変えたものですが，それでも生徒（学習者）の反応は大きいものがあったと感じています。

　もう少し付け加えるなら，筆者の経験では，その工夫によって，どの程度生徒が英語に目を向けるようになるかは，一人ひとり異なります。個人的に話をするのがよいでしょうが，授業というクラスの中では，ただ漫然と話すだけではなく，その話に付随したもう一工夫が必要だと考えます。ここで再度問題です。

> さて，もう一工夫とは何だと思いますか？少し考えてください。

　そのもう一工夫とは，基本的には何か追加の資料のようなものを準備することです。しかし，筆者が列挙した工夫の項目に関して，準備するものは多少異なると思います。具体的には，写真やハンドアウトの準備が挙げられます。音楽であればCDや動画なども考えられるでしょう。つまり，生徒がただ五感の一つ「耳」だけを使うのではなく，視覚「目」も使わせ，英語の方へ引きこませるのです。それらはPCを使えば，容易に生徒に提示することが可能です。更には，穴埋めのハンドアウトを用意すれば，英語をただ聞くだけではなく，手を使って英語を書く作業が入りますので，生徒を授業により集中させやすくなるのではないでしょうか。

　このように，教師が色々と工夫することで，生徒により英語に興味・

関心を持たせ，英語学習のやる気を高め，しいては英語力の向上に繋がれば，教師冥利に尽きると言えるでしょう。

英語を楽しませる工夫

　これは英語を教える上で，一番重要とも言えることです。英語教師にとって，生徒が英語の授業を楽しむように工夫していくことは，ある種の責務であると考えます。そのためには，教師自身が英語の授業を楽しむ姿勢を持つことが大切です。その上で，生徒に英語（学習）を楽しませる工夫をしなくてはなりません。

　実際の授業において，生徒が楽しく話す姿，一生懸命に英語を聞いて習得したいという姿勢などを目にすると，教師も授業へのやる気が高まることは間違いありません。目の前の生徒の様子やクラスの雰囲気などによって異なるとは思いますが，その状況把握が行われていれば，英語（学習）をより楽しませるための的確な方法が見つかりやすいでしょう。教科書のどの単元においても，生徒に理解させたいポイントが当然あります。それを把握しながら，投げ入れ教材等を取り入れて，工夫を凝らしてみることも可能です。生徒に英語の授業を楽しませることは，容易なことではありません。しかし，その工夫を怠らないように努めていくことも教師の使命と考えます。

　今の時代，英語力を向上させれば，それですべて教師の務めを終えたような傾向があるように感じます。確かに，生徒の英語力をつけることは大変重要なことです。それは英語力をつけていく時の教師の指導の在り方にあります。やみくもに単語を多く覚えればよい，早く英文を読めればよい，などということだけに焦点化した指導であったなら，それは本当の意味での英語教育ではないでしょう。いわゆる，受験のためにやみくもに生徒の尻を叩いて，より多く覚えればよい，などという指導であれば，近い将来つまり受験が終わると，生徒の英語に対するやる気が減退するのも目に見えています。英語学習に対するやる気を完全に失った生徒に，やる気を取り戻させるのは，並大抵の

努力ではできません。そうならないようにすることが本当は必要なのです。しかし，現実には難しいことが多いようには思います。短期的な目標である受験という大きな壁があるからです。〇〇大学に合格するには，まず入試で高得点を取る必要があるとか，ある私立大学に入るには英語の得点が高くなくてはいけない，などということが，生徒の目の前に現実として迫っているからです。英語教師はその現実を受け止め，それにも沿うようにする必要があります。その点は，十分承知したうえで，英語授業の工夫をする必要があります。なかなか余裕はありませんが，学習内容やターゲットセンテンスに絡めた投げ入れ教材が考えられます。

　特定の地域や国，例えばスコットランドに関する内容をする際には，教師自身が実体験している地域なら，その話を織り交ぜて語ることもできるでしょう。その内容に関わる著書を読んでいるなら，その中から生徒が興味を引きそうな話をすることも可能と考えます。

　前述した「興味を持たせる工夫」の中で，6項目を挙げましたが，このセクションにも共通するものがあります。英語のヒットソングを聞いて楽しませたり，教師自身の過去の英語学習経験や英語に関わる実体験などを通して，楽しいと感じたことを授業内で提示していくことも，生徒に英語（学習）を楽しませる有効な方法でしょう。また，内容に関連した興味深い動画やビデオなどを使用して，視覚的に楽しませていくのも一つの方法でしょう。いずれにしても，英語を学習することが楽しいものであり，人生を歩んでいく上で有益なものであることを教師自身がしっかりと伝えていくことが大切と考えます。

プラスのイメージを持って（授業に臨もう）！

　授業に臨む前は，不安が付きまといやすいものです。「このやり方でうまくいくのだろうか」「生徒の反応はどうだろうか」「生徒が十分理解してくれるだろうか」など，少しネガティブな思いを抱いて授業に向かうこともあるかもしれません。ここで気持ちの切り替えが必要

です。不安なことを考えていたら，切りがありません。その気持ちを多少抱くにしても，ポジティブな方向に考えを変えていく必要があります。よく言われることですが，コップに入っている水を見て，「これだけしかない」と見るか，「こんなにもある」と見るかです。その見方の違いが，同じ事象を見てネガティブにとらえるか，ポジティブにとらえるか，になると考えます。授業に臨む姿勢についても同じことが言えます。これから向かう授業に対して，否定的なことばかり考えていたのでは，せっかくしっかりと準備をしてきたことが無になりかねません。誰しも，大なり小なり不安は付きまとうものです。どんなに用意周到にしている教師でも，どんなベテランの教師でも，授業に対する不安がゼロということはおそらくないでしょう。それは，対象となる目の前の生徒に日々変化があるからです。個々人異なっており，日々成長しているからです。どんな反応があるのか，予測がつきにくい部分もあります。ですから，自分が考える通りの授業が100％できることは，そうそうないと思った方がよいでしょう。そうであれば，この題目にある「プラスのイメージを持って」授業に臨むしかないと考えます。別の章でも述べたことですが，自分で自分を激励・鼓舞するのです。「これだけの準備をしたのだから，大丈夫だ！」「きっと生徒は理解してくれる。真剣に授業に臨んでくれる」などと自分に言い聞かせることも大事です。授業は，試行錯誤です。今回自分でよい授業ができたと思っても，生徒の立場からしたら教師の気持ちとは裏腹で意外にそうではなかった，という場合もあります。授業に対して，振り返りをし，次の授業に臨むように心がける必要があります。

　「プラスのイメージを抱く」とはどんなことでしょう。授業展開の中身を自分が考えるよい展開として予想していくのです。それには様々な場面が考えられますが，一つの例を挙げると，次のような展開です。

　プラスのイメージを持とうとする前提条件に，教師自身がそのクラスで教える授業内容に納得しうるだけの準備をしておくことです。そ

れなくしては，プラスのイメージを持つことは難しいでしょう。テキストをしっかり熟読し，プランを綿密に練り，生徒が内容を十分理解し，英語力を伸長するに値する授業だと思われるくらいの準備をしておかなくてはいけません。その準備があれば，あとは精神面つまりプラスのイメージを持って臨むだけです。ただ，プラスのイメージと言っても曖昧な部分があります。もっと言えば，それは精神的によい面を考え，よい結果を想像していくことも必要です。予想することがネガティブであっては，いくらよいプランを考えても，実際の指導においては，力を発揮できないことに繋がりかねません。プラスのイメージを抱いて，よりスムーズに生徒理解を深めるための授業展開をしていくことを心掛けていれば，よりより結果に繋がる可能性が高いでしょう。気持ちというのは本当に大事です。何事もよいことを考えれば，よい方向に行くし，悪いことを考えれば悪い方向に行ってしまうのです。

　英語の授業に対して，あまり積極的ではない生徒や英語嫌いと思われる生徒がいる場合は，特に授業準備を念入りに行う必要があります。そして，ある意味覚悟を決めて，プラス思考で臨むのです。授業中は，できる限りその生徒たちに英語の授業に目を向けさせ，以前より少しでも英語を好きにならせたり，あるいは少しでも英語授業内容の理解を深めさせる展開をしていく努力をする必要があります。先ほども述べましたが，教師自らが行っている授業に対して，よいイメージを持たずして，生徒がよい方向に向いて行くでしょうか。教師の心はその姿勢に表れてきますから，教師がプラスのイメージで意欲的に授業実践しなければ，生徒（学習者）は敏感に感じて，それなりにしか授業を受けなくなるでしょう。そうならないためにも，教師は元気よくプラスのイメージを持って，授業を積極的に展開していく必要があります。プラスのイメージを持って実践していれば，自ずとその姿勢や言葉に表れてきます。生徒に与えるインパクトもかなり違ったものになるでしょう。

分からせる工夫

　授業内容を分からせる工夫は，どの教科の教師にとっても基本となることです。しかし，この基本的なことがいかに難しいことか，ベテランの教師でも苦労する点です。何故苦労するのか，この点を明らかにしておく必要があります。苦労する大きな理由は，生徒一人ひとりが違うからです。それはよくお分かりのことと思います。しかも100％生徒に理解させることは不可能に近いものがあります。それは生徒の理解度に差があるからです。それを前提にして，いかに授業内容を分からせていくか，その工夫への努力を怠らないのも教師の務めです。また，生徒が躓きやすい点に関して，重点的に教え方を工夫していくことも必要です。例えば，高校であれば「関係詞」「仮定法」などは生徒が躓きやすい文法事項でしょう。それらをいかに分かりやすく説明し，生徒の理解を深めていくか，逆に言えば，それは教師のやりがいを感じる部分でもあります。やはり，教師にとっては苦労する反面，難しい項目の指導方法を楽しむ姿勢を持つことも必要です。それによって，その時の指導内容を生徒に教える際，生徒の反応などを予測しながら工夫をしていくことも，教える楽しさを増すことにも繋がるでしょう。

　その授業での指導内容がたとえ難しく思えるものであろうとも，一生懸命教師が自分なりに生徒に分からせていく工夫をしていくことが必要なのです。その努力の積み重ねこそが，教師を徐々に成長させていくものです。と同時に，生徒の方もその教師の一生懸命教える姿勢を見ていくことで，英語学習により真剣に取り組もうと思うでしょう。ここで問題です。

> 生徒の理解を深めていくためには，具体的にどんな方法が考えられますか。

　筆者が考える生徒の理解を深めていくための具体的な方法は，実際

のテキスト内容にもよりますが，以下の通りです。
1）例文を挙げて説明する。
2）日本語との比較をしながら説明する。
3）説明の後，実際に問題をやらせる。（確認のために，その理由を考えさせる。）
4）口慣らし練習

最後の「口慣らし練習」は，例文を聞いて，それを真似る練習です。発音確認ができた後，生徒個々人がその英文を読んで言います。それに十分慣れたころ，ペアワークでやらせます。プリントを見ないで言えるようにします。更に，ダイアログ形式のプリントを渡し，パートの人になりきって練習させ，最後にはプリントを見ないで言えるように指示します。「口慣らし練習」をする目的は，その文法項目や英語表現が感覚的に身につくようにすることです。時間がないようであれば，ある程度までしておいて，あとは自分で練習しておくように指示し，次回にその成果を授業で披露するという方法もあります。

時間経過の早い授業を目指して！

時間経過の早い授業とは何でしょう？時間は誰にでも同じように刻まれていくものです。しかし，時間の経過を感じる早さには違いがあります。そこで質問です。

> 授業において，どんな時に生徒は時間の経過を早く感じると思いますか？

それは楽しいことをしている時です。そうであるなら，授業を受けていてチャイムが鳴った時，生徒が「もう（授業が）終わったの？」と感じさせる（思わせる）授業を目指すことが重要です。とはいえ，現状では理想に近いと言われるかもしれません。しかし，生徒が現実に「あっという間に時間が経ったね！」という声を上げるような授業

を展開する工夫をするのが，教師の務めのようにも思います。いや，それができる教師こそが，真の教師と言えるかもしれません。といっても，やみくもに問題ばかりやらせたり，作業をやらせ続けて時間を経過させていくということではありません。そこに付随するのが「(英語学習の）楽しさ」という側面です。「楽しい時間は短く，苦痛な時間は長く感じる」ということです。つまり，楽しんでいるうちに（英語）授業の時間があっという間に過ぎたと思わせるような授業を展開していくことです。このような授業が常にできるようになれば，教師冥利に尽きるでしょう。生徒は楽しんで学習し，教師自身は教えることが楽しくてしょうがない，という状況になるのですから。

　上記したような，生徒が「あっという間に時間が過ぎる」と感じるような授業がすぐにできるなら苦労はしない，という声が聞こえてくるようです。確かに，その言葉を否定はしません。というのは，時間の経過が早い授業をするのは，至難の業とも言えるものだからです。ここでは，そんな授業を常に目標として，教師が楽しませる授業展開に向けた努力を怠らないようにすることを主張しているだけです。第1節「英語授業前」の別のセクションで記述していることですが，生徒をどっぷり英語学習に浸らせて，授業後に「楽しかったね」という言葉が，一人でも二人でも多く出るような授業にする工夫をしていくことが肝要と思います。ここで問題です。

> 具体的に，時間経過を早く感じる授業をするには，どんなことをしたらよいでしょうか。

　まず，時間経過を早く感じさせるには，「楽しい」という要素が大事であることは述べました。授業内容に集中させようとすることが重要です。例えば，ゲームなどをやっていると時間があっという間に経ちます。つまり，何かやっていることに夢中にさせることがポイントです。授業内容について考えると，楽しませ，夢中にさせるには，何

らかの活動などを積極的に取り入れて，それに集中させていくことが一つの方法です。つまり，教師中心の説明型よりも英語を使用したペアワーク活動や達成感のあるコミュニケーション活動を取り入れるなど，参加型にするのがよいでしょう。しかし，現実には活動などばかりをしているわけにはいきませんが，気持ちを集中させる楽しい活動なども取り入れた授業展開を工夫していく必要があります。もう一つは，テキスト内容に関わる教師の体験談等があれば，関連した話をすることで，生徒を集中させ，楽しませるものです。この方法によって，生徒が感覚的に時間経過の早い，楽しい授業を受けることが可能となるでしょう。

生徒の質問予測

　英語の授業を行う前に，教える授業内容を精査して，どんな点が生徒にとって理解が難しいか，しっかり内容を吟味していくことが必要です。英文の意味を自分なりにしっかりと把握して，生徒実態から考えてどんな点が分かりにくいかを探求していくのです。その都度，授業前にその時の授業内容に関わって生徒の質問を予測するのは，それほど容易なことではありません。とはいえ，教師たる者多少なりとも予測をして授業に臨むことも必要です。「この点は理解しにくいかなあ」「戸惑う部分かもしれないなあ」と思う箇所について，前もって準備をし説明をしていくことも考えられます。しかし，1から10まで教師が説明していくのでは，学ぶ側のためにもなりません。疑問点などを考えさせ，発言させることも必要です。それによって学習者自体の自主性も出てきて他の生徒も同じ疑問を持つ者もいるでしょう。生徒にとっては疑問点などについて尋ねることで，教師の説明により集中することにもなります。つまり，理解が深まることに繋がりうるのです。そのために多少なりとも，教師が生徒の質問を予測していれば，その受け答えがよりスムーズとなり，生徒にとっても理解しやすくなると考えられます。

経験を積んだ教師ともなると，このようなことをしなくてもよいかもしれません。長年の指導経験で多少なりとも予測が可能となるからです。指導経験が長くない教師にとっては，指導内容についてより深く思索し授業を考えていくことにもなるので，質問予測は生徒の立場に立った指導力を向上させる意味でも，有効な方法ではないでしょうか。生徒から質問が全く出ない場合には，逆に教師の方から前もって予想しておいた質問を生徒に投げかけ，考えさせるのに利用するのもよいでしょう。

　それでは，具体的に質問予測はどのようにするのでしょう。これはとても難しいことです。やはり，教師自身が過去に受けた教育経験も問われるでしょう。しかし，実際に授業をする前には，生徒実態を踏まえた上で，授業プランを立てながら，学習者の立場に立って授業内容に基づいて質問の予測を考えていくことが必要でしょう。授業内容を細かく吟味し，どんな点が生徒には分かりにくいだろうか，どこに躓きやすいだろうか，などについてじっくり考えながら，生徒の質問を予測することによって，指導方法や内容もより充実したものになるのではないでしょうか。

英語を使わせる工夫

　「英語を使わせる工夫」というテーマについて考えてみましょう。「英語を使わせる」の「使わせる」とはどういうことだと思いますか。学習者の立場に立っていえば，「使える」となります。「（英語を）使える」という言葉の範囲は広いものがあります。口から英語を出せば「使える」なのか，ただ日常会話で英語で反応できれば「使える」なのか，いやもっと英語で議論や討論ができるレベルを「使える」というのか，考え方・捉え方は様々です。様々なレベルがあると思いますが，ここでは中学校や高校の生徒を想定して考えますので，「英語が使える」とは，他の人と英語で基本的な（日常的な）コミュニケーションが取れる段階としておきます。

第4章　英語指導の実際

　相手とのやり取り（コミュニケーション）をする際に，相手の言うことが理解できないとコミュニケーションをとることは不可能です。相手の話す英語を自分のものとしてキャッチし，それに対応しなくてはなりません。相手の話す英語のスピードが速くてついていけなかったり，出身国や出身地域での訛りが強かったりすれば，聞き取るのに苦労をします。しかし，その場合でも相手とのコミュニケーションをとろうという姿勢とその表現方法をある程度身に着けていれば，それなりに何とかなります。日本語で話す場合でも同じです。もし聞き取りにくかったりすればどうするでしょうか。当然無視はできませんから，通常聞き返すでしょう。その聞き返す勇気が英語の場合も必要なのです。よく言われることですが，日本人は英語で話す時，相手の言うことが分からなければ，すぐに黙り込んだりする傾向があります。それをあえて克服していこうとする姿勢が必要です。そのハードルを越えなくてはなりません。そのためには，聞き返しの表現を身に着ける必要があります。つまり，生徒に英語を使わせようとするには，それらの表現を習得しておくことが必要です。

　さて，英語を使わせるために，一般的にはテキスト内容の英問英答をしたり，ペアで特定の質問を聞いたりして，会話をするように教師は言います。ただ唐突に質問事項を提示してやらせるのは，強制的にやらされている気持ちが強く，あまり効果的とは言えないでしょう。筆者が思うに，具体的な「使わせる工夫」の一つとして，ダイアログ提示による方法（インタラクション）が最も簡単な方法です。ただ最初から全ての英文が提示されていれば，ただのリーディング練習にしかなりません。その前に行うこととして，ダイアログの内容に至るまでの内容理解のプロセスがどの程度あるかが，この Practice の効果を決める要因の一つとなるでしょう。つまり，ダイアログ内容に至るまで，その内容について何らかの活動がある方がよいでしょう。例えば，リーディング授業の場合なら，その英文を理解した上で，その英文内容に基づいたダイアログを用意しておくのです。それを活用して

Dialogue Practice をペアでやらせていきます。その際,「各パートの役になりきって対話をしなさい」と教師が指示し,ペアワークさせます。時には途中で対話を止めて,教師自身がデモンストレーションすることもあります。例えば,「Play an active role of the person.（役になりきりなさい）」「Do the dialogue practice with emotion.（感情をこめて対話をしなさい）」などと言って,激励して再度やらせたりします。別の方法として,いくつかの英語の質問に答えさせておいて,そのあとダイアログ形式のプリントを配布し,英語を使わせていくことも考えられます。

　やはり,英語を使わせようと思えば,その前提に何かを持っていく方が有効と考えます。そのことをきっかけにして会話をする気分を高めるとか,動機づけのようなものにするとよいでしょう。そのきっかけとなるものを常時準備していくのは大変です。したがって,無理のない範囲で生徒の英語使用を促す取り組みをしていくとよいでしょう。

積極的に Activity を取り入れよう！

　英語の授業を展開していく上で Teaching Plan は必要不可欠なものです。日々授業をしていると,逐一全ての授業で目に見える形でプランを作成していくのは時間がかかり大変です。教師になりたてのうちは,それなりにプランを練って文字化したものを作成し,それを頭に叩き込み授業展開をスムーズにする必要があるでしょう。しかし,徐々に英語の指導に慣れてくると,教師自身の頭の中でそのプランを練り展開していくことが可能となるでしょう。とはいえ,何年教えても50分の授業を具体的にどのように実施・展開していくのか,頭を悩ませるものはあります。特に一授業内において,教師が中心となる場面と生徒が中心となる場面を明確にする必要があるからです。

　生徒が中心となる場面では,生徒に積極的に様々な活動を主体的に行わせて,自らの意見や考えを述べるように持っていくことが必要です。当然,そのような指導をする際は,先ほど述べたように,同じク

ラスの生徒でも英語のレベルが異なるので，どのあたりに照準を合わせた展開にするかは教師の手腕とも言えるでしょう。つまり，生徒が授業内で活躍する場面を作るためには，クラスの状況等を考慮しながら，教師がそのためのActivityを積極的に取り入れていく必要があります。授業内容に合わせて，どんなActivityがより生徒が活発に活動してくれるのか，十分に考えておかなくてはなりません。とりわけ，英語発信力を向上させるためには，生徒が自分自身の考えを周囲に伝えなくてはなりません。そのためには，先ほども述べた授業内で積極的に発信できる活動を取り入れる必要があります。まず手順として，活動のための説明をきちんと行い，それを生徒に十分理解させておきます。その上で，生徒同士，あるいは教師と生徒間のActivityを行います。では具体的にどんな方法をとるのがよいでしょう。

　これに関しては，授業内容と絡めてActivityをするのか，関連性をあまり考えずに導入するのかによって多少異なりますが，使用しているテキストを基にActivityを考えていきましょう。その場合，生徒にその英文内容を十分に理解させておき，その上で，テキスト内容を基にしたActivityを考えていきます。それでは，あるテキストを基に実際に考えていきましょう。

> 演習編「Activityを積極的に活用」に進んでください。そこに提示されているテキストを基に，どのようにActivityをしていくのか，具体的に考えてみましょう。

授業内容の焦点化

　当たり前のことですが，授業を行う場合，事前準備をしなくてはなりません。生徒に教える際に，準備をしないで授業をすることはありえません。野球やサッカーなどのスポーツの世界，将棋などの棋界においても，本番を迎える前に十分な準備をすることは当然のことです。そのための準備をしないで，いきなり本番に向かうのは，相手を愚弄

しているに近いものがあります。勝負の世界であれば，相手選手や相手チームであり，教師の場合教えられる側の生徒になります。話が少し大きくなっていますが，教師が教壇に立って教科指導を行う際に，入念にそのための準備をすることは相手（生徒）への敬意に繋がるでしょう。生徒のことを真摯に考えて，彼ら彼女らの力の向上に努めようとすることは，教師の姿勢として基本中の基本です。具体的には，授業1時間を考えた場合，その教案をきちんと考えておくことが不可欠です。目の前の生徒を考慮に入れて，その教案（指導案）を作成していく場合，前提となるのが授業内容を熟知することです。実際に教える単元の指導内容をきちんと把握しないで，指導する生徒たちのための適切な教案を作成していくことはできません。次の授業で教える内容に関して，目標・具体的な文法項目・新語彙（単語・イディオム）・英文概要・焦点とすべき内容などの視点を頭においておく必要があります。

　上記した内容に関して述べていくと，まず文法項目はその指導の仕方を考える必要があります。文法項目の説明を簡潔に行い，理解をさせておく必要があります。新語彙に関しては，意味の確認をすることは言うまでもないことですが，発音が難しいと思われる単語に関しては，教師自身が生徒の手本となるように，しっかりその単語の発音練習をしておかなくてはいけません。また，イディオムに関しても，本来の意味（直訳）で分かりやすいものは構いませんが，日本語にすると何故こんな意味になるのだろうという語句に関しては，その語句の背景（文化）にも関わってくる可能性があるので，教師自身が納得できるまで調べておく必要があります。それによって教師自身，その語句の説明がし易くなり，教えられる側の生徒も語句の意味の理解がより深まることになります。特に，驚きの背景がある語句は，生徒にとって興味をそそる可能性が高いので，教師がうまく説明できるように入念に調べておく方が賢明です。

　英文概要に関しては，教師が下調べをしておき，生徒に分かりやす

いようにしておくとよいでしょう。ただ，英文内容となると，ただ漫然と内容理解に留めるのではなく，英文内容で焦点を当てるべき個所を教師自身が模索し，これはと思うところを突っ込んで調べ，生徒を楽しませる要素があれば，さらに突き詰めて調べておくことが必要です。

> 演習編「授業内容の焦点化」に進んでください。そのテキスト（英文）を読んで，それを使用して実際に英語指導をすることを想定してみましょう。

Virtual Teaching（仮想練習）

　生徒が内容を理解しやすい授業展開をしていくためには，教師の務めとして事前準備をしっかりしておくことは，すでに述べてきました。その周到な事前準備の中の一つに，仮想（授業）練習があります。実際に行う英語授業を想定して，練習をするのです。ベテランの教師ともなれば，想像するだけで授業展開を頭の中で組み立てることができるでしょう。しかし，自分は経験が十分でないと思う教師は，時間を見つけてこの仮想練習をしてみてください。実際にそれを実践してみたとき，その効果を実感できるはずです。

　まず，仮想練習をする場合，実際の授業内容・対象クラス・文法や語彙のポイントなどの点をしっかりと確認しておく必要があります。具体的な内容をあげて述べてみましょう。

\<Virtual Teaching\>
Date: May 10
Class: 2年3組　English Ⅱ
Textbook: English Communication Tigers
Content: Lesson 2 Traveling in Vietnam　Part 1 Arrival in Hanoi
Grammar point: Relative adverb（where）
Vocabulary: sightseeing, departure, costume, magnificent, ...

このような簡単な内容確認のためのシートを用意し，教科書のそのページを広げ，自分が考えたプランを基にして，その教室と目の前に該当クラスの生徒がいることを想像し，仮想的に教えてみるのです。その際に「クラス実態を知る」で述べたように，そのクラスの実態を念頭に置いて，その雰囲気や生徒のことも想定しないといけません。話をしたがる生徒がいる場合，そのための対処法，例えば活動や対話を用意しておくことも必要です。その際，その時間に扱っている内容と関連性を持たせることが重要なのは言うまでもありません。例えば，上記したこのレッスンではタイトルが「Traveling in Vietnam」で，ベトナムに関わる話を持ち出して，対話練習などを考えるのもよいでしょう。例として以下の対話が考えられます。

Let's talk to your partner!
A: Have you ever been to Vietnam?
B: ＿＿＿＿＿＿＿＿＿＿ How about you?
A: ＿＿＿＿＿＿＿＿＿＿ Would you like to go there? / Do you want to go there?
B: ＿＿＿＿＿＿＿＿＿＿
A: Why / Why not?
B: ＿＿＿＿＿＿＿＿＿＿＿＿＿＿ How about you?
A: ＿＿＿＿＿＿＿＿＿＿＿＿＿＿
B: Oh, really! Well, do you know anything about the country?
A: Let's see ... ＿＿＿＿＿＿＿＿＿＿＿＿＿. How about you?
B: I know ＿＿＿＿＿＿＿＿＿＿＿＿＿
　...

　このような会話をさせて，少しベトナムに関心を持たせながら，英語での対話を楽しませるのも一つの方法でしょう。また，会話をさせる際に，教師がクラスに基本的な質問をしておいて，ペアワークをさせていくのも，会話練習を高めていくよい方法ではないでしょうか。

更には，発展的な会話として cities, location (geography), food, history, clothes, economy, politics, industry 等のトピックを提示しておいて，生徒が適当にピックアップして対話するのも方法の一つと考えます。そのあと，教師が簡単に生徒と対話をしながらフォローアップしておくとよりよいでしょう。

実践を形にして残そう！

まず，「実践したことを形にして残す」とはどういうことでしょうか。そこが一番大切なことです。「形にして残す」ということは，今後の実践に繋げていくことになります。

実際に英語教師として日々教鞭をとっていると，なかなか形に残していくところまでは手が回りにくい現状があると考えます。筆者が，高校教師をしていた頃を思い浮かべても，形に残すことなど，あまりできなかったように思います。授業実践したことを何らかの形にしておこうと思えば，その年度が始まる前に，そのことを念頭に置いて，しっかりと準備しておく必要があるからです。それではここで問題です。

> 実践したことを形にして残そうとする場合，具体的にどんなことを準備しておく必要があるでしょうか。一分間考えてください。

形に残すための具体的終着点には，次のことが列挙されます。一つ目は授業の振り返り（反省等）や自分の実践記録として残すこと，二つ目は実践報告及び研究論文として残すことです。これらのことをするためには，事前に準備すべきことは自ずと決まってきます。授業で行うべき工夫などをきちんと資料としてとっておくことです。乱雑なメモではいけません。今の時代ですから，PC を使用して，実践内容のファイルを作成しておかなくてはいけません。それは基本中の基本です。どんな授業でも，実践した内容をあとあと活用可能なものとし

て整理しておくことが大事です。

　一つ目の「授業の振り返りや記録として残す」場合は，自分の中で振り返るだけの場合も含まれます。二つ目の「実践報告及び研究論文として残す」場合は，授業実践に対して生徒へ何らかの行為を要求する必要があります。それが，つまりアンケートです。目標に基づいて実践したことが，実際にどのような効果があったのかについて，具体的な項目を挙げて，アンケートを作成しておく必要があります。過去の実践研究などに目を通して，アンケート項目を作成する際の参考にすべきでしょう。それによって，より具体的に授業実践した内容がどうであったか，などをより明確に，より深く振り返ることができます。そして何よりも，そのアンケートを集計して，実践したことと生徒の反応とのギャップがあったか，指導内容の意味合いがどの程度あったかなどについて，教師は客観的に知ることができ，それが実践報告やさらには研究論文へと繋がる可能性があります。

　したがって，先ほども述べたように，授業実践したことを形に残すためには，年度が始まる前からテキスト内容をきちんと把握し，明確な目標を掲げ，そのための工夫も考えて，具体的なアンケート項目を作成しておく必要があります。新年度や新学期が始まる前は多忙な時期ですが，今後（将来）の実践に繋げていく意味でも，そのための準備を怠らないことが肝要です。

第2節　英語授業中

最初が肝心

「最初が肝心」とはよく言われます。これは様々な場面での最初（初め）を意味します。例えば，年度最初の授業，そのクラスで初めての授業，あるいは授業中に初めて生じた場面などです。特に，ここでは年度当初の授業について論じましょう。

一般的に年度最初の授業は，生徒にとっても教師にとっても緊張感が高まるものです。特に，（前年度にも教えている生徒が多い場合は別ですが）お互いを知らない場合，心の中で相手のことを探っているところがあるものです。生徒にとっては，「どんな先生が教えてくれるんだろう」「楽しい授業する先生かなあ」などと思いを巡らすこともあるでしょう。教師の方はそれ以上に対象人数が多いので，もっと生徒のこと（クラスのこと）を気にする傾向があるでしょう。「今度のクラスは，どんなクラスであろう」「どんな生徒がいるんだろう」などと考えるところもあります。結局，どんなクラスにするかは，その教師の力量・人間性に関わっていると言えるでしょう。

さて，年度最初の授業ですが，これは本当にそのクラスのその年度の授業を左右するといっても過言ではありません，とても重要な授業です。ここで質問です。

> 最初の授業はとても重要とよく言われます。何故，それほど重要だと言えるのでしょうか。1分間考えてみてください。

この質問についてよく考えましたか。

その答えは，「最初の授業が，一年間の教師の方針（目標・方法・授業規律など）を述べる授業だから」です。具体的には，以下の項目に

ついて述べておく必要があります。

　(1) 目標　(2) 授業方法　(3) 持参物　(4) 授業規律（態度）
(5) 勉強方法　など

　まず，その授業の目標について話しましょう。たとえば，英語Iを履修する場合，基本的な文法項目・語彙習得・読む力の伸張などを図ること，英語リーディング力の向上，異文化理解を深めること，などです。

　次に，授業（展開）方法に関しては，一つの授業手順として小テストの実施・リスニング・語彙チェック・内容確認・応用練習（問題）と展開していくことを述べます。

　また，当たり前のことですが，毎時持参するものについても，きちんと最初の授業で確認することが大切です。例えば，「教科書・ノート・英和辞書（電子辞書）・参考書など」は毎時間持参すること，などです。

　最も大切なことは，次の「授業規律」です。生徒の意識をきちんと授業に向けさせるためにも，口頭で説明するだけでなく，ハンドアウトを使用して確認をしておく必要があります。筆者の場合，必ず穴埋めのハンドアウトを用意します。これは，生徒にオリエンテーションの内容に飽きさせるのを防ぐ意味合いもあります。ただボーッと聞いているだけでは，集中力がなくなって眠くなり，肝心なことを聞き逃してしまう可能性が出てきます。ハンドアウトが穴埋め式になっていると，教師の説明を真剣に聞いてメモを取る必要があります。退屈になるのを防ぐ度合いが高くなります。具体的に，授業規律（態度）で説明しておかなくてはいけない点は以下のとおりです。

・英語授業に集中・・・私語・居眠り・他のこと（携帯いじりなど）はしない。
・授業中やるべきこと（ノートをとる・しっかり説明を聞く・積極的な活動参加など）はきちんとやる。

第4章　英語指導の実際

　この授業規律の部分をいい加減にしておくと，あとで教師が自身の首を絞めることにもなりかねません。最初の授業で，授業に対する姿勢について厳しく述べておくことで，生徒が抱く教師に対する意識がある程度構築される意味合いもあります。「この先生は，かなりやる気満々だなあ。いい加減なことはできないなあ」という気持ちをもつでしょう。これは，教師がその授業の所信表明をしているようなものだからです。4月最初の授業で，教師が授業規律について明言しておくことで，何か不都合な状況が生じたときに対処がしやすいと考えます。例えば，次のような場面が考えられます。

　「私の英語授業は，このように展開していくからきちんと集中してまじめに受けるように！」と言っておいたのに，それにはずれた（はずれかけた）生徒の行為などが出てきたとき，教師が「最初に話したこと覚えてる？集中して頑張るように言ったでしょ？」などと声かけをすることができます。

　また，英語学習に対するアドバイスも入れるようにするとよいでしょう。これは英語学習に行き詰まったりしている生徒のために行うことです。この点に関しては，学期の途中でも折に触れ生徒にアドバイスは可能でしょう。

　更に「最初が肝心」であるのは，授業中初めて目にする生徒の気になる言動に対する教師のリアクションです。この対処をきちんとしないと，あとあと教師自身が指導に苦慮し，授業が教師の考えとは違い，スムーズにはいかなくなることがあります。具体的には，授業中に私語を始める，メモも取らずにボーッとしている，携帯をいじくるなど他のことをしているなど，様々なことが列挙されます。その時に教師が，どのような態度でそのことに対処するか，これが重要です。その意味で「最初が肝心」なのです。例えば，私語をし始めた生徒がいた場合に，教師がそのまま授業を継続してはいけません。対処の仕方は個々に異なるでしょうが，該当生徒に対して教師が何らかのリアクションを起こす必要があります。単刀直入に「話をやめなさい！」と

注意をする場合もあるでしょうし，教師が話すのをやめて該当生徒をじっと見る方法（私語をやめろということを暗示するように）もあるでしょう。これを見過ごしたり，いい加減にすましておくと，徐々にクラス全体にその悪影響が広がりを見せることにもなりかねません。そのタイミングを逃して放っておくと，あとから修正するのが不可能に近いものになることもあります。ここで，「最初が肝心」に関して，教え子との対話を紹介しましょう。

彼は，某高校で英語教師として勤務し始めた卒業生ですが，少し深刻な顔をして突然研究室を訪ねてきました。

「どうしたの？こんなに遅く」と聞くと，彼は少し暗い顔のまま話し始めました。

「今憂鬱な気分になっているんです」

「どうして？まあ，座って話を聞きましょう」

「クラスによっては授業がうまくいかないんです」と彼が言います。

「どうしてうまくいかないの？」

「（生徒が）授業に集中せず，勉強しない生徒が増えてきたんです」

「でも，まだ2カ月そこらでしょ？何か原因があるの？注意はしてるの？」

「実は最初にやりたいものだけが英語を勉強すればいいと思っていたので，寝たりするのを認めていたんです」

「それはまずいねえ。一事が万事で，悪い状況はすぐに広がりやすいからねえ・・・最初が肝心だよ！最初にきちんと対処しておくと，そうならなかったかもしれないが・・・」

「これからは少しは注意をしてみたらどうかねえ・・・途中からだと難しい状況があるかもしれないけど・・・」

そのあと，筆者の過去の経験談を少し彼に聞かせました。すると，顔が上向いて少し元気が出てきたように見え，彼は筆者の研究室を後にしました。

確かに，最初に授業内で起こった事象に対して，教師がどのように

対処するかは大きいものがあります。当然それは継続させるべきものではありますが、逆にいえばそのようなクラス、生徒に対して教師が何らかの適切なリアクションをしておかないと、事態はより深刻になる場合が多いものです。つまり、彼らから見れば「無視された」という感情を抱くことにも繋がりうるからです。そのような思いを抱かせないためにも、教師は毅然たる態度で生徒に口頭で注意をしたりして、英語の授業に気持ちを向けさせていく必要があります。

褒めることの効用

> あなたは、普段人を褒めていますか。どんな時にどのように褒めますか。人を褒めることにはどんな効果があると考えますか。

　人を褒めていくことは、本当に大切なことです。「褒めて育てる」とよく言われますが、その効用は計り知れないものがあります。誰でも大なり小なり褒められて育てられてきた経験があるのではないでしょうか。最初に述べる筆者の貴重な体験は、授業中ではなく小学校時代の掃除時間の出来事です。

　その小学校時代に褒められたことをいまだに昨日のことのように鮮明に覚えています。あれは確か小学校の5年生の時だったと思います。一日の授業が終了し、教室の掃除をしている時間でした。先生も一緒に掃除をしている中で、フロアを雑巾掛けした後、後ろに引いた机を移動させている時のことでした。筆者が机を持ち上げて、身体のほうに机を傾けている時、ふと何気なくそばにいる先生に口ずさんだのです。

　「先生、（机が重いから）重心をとらんといけんねえ」と。

　すると、そばにいた担任の高橋先生が、間髪入れずに次のように言ったのです。

　「上西君、重心という言葉を知ってるの？すごいねえ」

筆者はその時，先生に褒められたことに対して，少し照れくさそうにしていました。同時に，そのことを誇らしいとも思っていました。非難されたり，自分の発言とか行為を否定されたりすると，気分が悪いものですが，人に褒められるのは本当にうれしいものです。心から褒められて悪い気がする人はいないでしょう。筆者も実体験で「褒めることの効用」を身にしみて感じました。

　いろんなことを自ら調べて学習し，人に話すことに得意になっていたものです。理科の勉強もそうですし，社会特に地理の勉強は誰にも負けまいと，図書館などの本を一生懸命読んで自ら調べ，世界の地理のことを得意げに話したものです。具体的には，世界の国と首都，世界の山々，川などの名前を記憶して，学校帰りに友人と競って，クイズ形式で言い合ったりして楽しんでいました。

　さらに，6年生になって，ある社会の授業時に，クラスでいろんな国々について発表する機会を与えられました。その時，筆者はアフリカの国々について詳細に調べて皆の前で発表したのです。おそらく聞く側からしてみれば，一つ一つ国別に長々と話す発表は，退屈極まりないものだったことでしょう。そんなこともあまり気にせず，筆者はアフリカ諸国について，地図を広げて延々と説明をしました。その発表が終わった直後，当時の担任の高橋先生が，笑顔を浮かべながら「よ〜く調べたねえ，上西くん・・・」と言って，詳細に調べた筆者の発表を心から褒めてくださいました。それ以来，勉強をすることに対して，必死になった自分がいました。今にして思えば，その時先生に褒められたことが，いわゆる筆者の勉強に対する意欲に少なからぬ影響を与えていたことは間違いありません。

　以上述べたように，教育の場で生徒を褒めていくことは，とても重要です。筆者自身も人を褒めることが上手だとは言えませんが，褒めるべきことを瞬時に判断し，上手に生徒を褒め，生徒をその気にさせることが必要です。それには日常的な周囲の人（生徒）への観察や声かけも必要となってくるでしょう。と同時に，教師の側から見れば，

生徒を褒めることで，教師自身の中に心の高揚感・充実感のようなものが湧き上がってくるのを感じられると思います。人を褒めていくことで，自分がやってきていることへの自己肯定感を実感できるようになります。つまり，教師自身が自らの仕事を肯定し，更なるやりがいに繋がりうるのだと思います。生徒の側だけではなく，教師の側へも，褒めることへの効用があるのです。

褒めることだけを取り上げて話を展開してきましたが，教師が生徒を褒めることへの前提には，やはりお互いの信頼関係が必要であることは言うまでもありません。教師と生徒の間に信頼関係がなければ，いくらその生徒を褒めてもあまり効果はないでしょう。お互いの信頼関係の上に，その言葉が相手の心に響いてくることは間違いありません。また，教師に対する尊敬の念を抱いている場合にも，言われた言葉が（生徒の）心に響いてくるものです。「あの先生に言われたのだから，頑張ろう」という気持ちを抱く場合もあります。あるいは，褒められたことで心が高揚し，生徒自身が教師の気付かないところで，いろんなことに対してやる気になってくるものだと考えます。

成功体験をさせよう！

授業中に生徒に成功体験をさせることはとても有効です。たとえ，それが小さな成功体験であっても，生徒にとっては大きな体験となることがあります。また，小さな成功体験を積み重ねることによって，生徒自身が自信を高めていくことにも繋がります。

筆者自身も，英語授業における貴重な体験をしてきました。とても印象深く記憶に残っているのは，中学校2年生の時に，当時の英語の山内先生が，知り合いのハワイ出身の外国人を教室に招いた時のことです。今からかれこれ47年くらい前のことなので，当時外国人を街で見かけることもありませんし，ましてや外国人が学校に来ることすらありえない時代でした。何せ今のように外国語指導助手（ALT）が学校に常駐したり，授業で学校を訪問して，英語の指導をしたりする

ことは皆無であった時代です。そのような時代において，外国人が教室に入ってきた時，生徒全員が目を白黒させていたのも無理のないことです。その外国人をじっと見て，異常なくらいの緊張感と興奮状態であったことを，今でも昨日のことのように覚えています。そして，その外国人が教壇に立ち，先生がその外国人を簡単に紹介した後で，クラスの生徒に向かって，次のように言いました。

「Good morning, class. Do you have any questions?」

外国人と話したことがない生徒ばかりなので，誰も積極的にその外国人と話そうとはしませんでした。当たり前と言えば，当たり前のことです。しばらく沈黙が訪れた後，先生が何故か筆者を指名したのです。

「Uenishi-kun, do you have a question?」

少し驚きましたが，顔をあげて先生の方をしっかり向いていたので，当てられてうれしい思いも抱きました。曲がりなりにも英語に自信があったので，先生が（筆者が英語で質問をすることを）期待してくれていたのかもしれません。少し躊躇していると，「Any question is OK. 何でもいいよ。聞いてごらん？」と促すように言ってくれました。その言葉に少し勇気を得たのか，少し戸惑いながらも，すぐに立って質問を始めました。

「What do you like to do in your daily life?」

その時，その外国人から返答があり，筆者の英語が通じたという気持ちで舞い上がっていたため，彼が具体的に何と返答したかは，はっきりと覚えてはいません。これも先生が指名してくれたおかげです。シャイな筆者に声をかけて，外国人と話すチャンスを与えてくれた英語の先生に，今でも本当に感謝しています。

質問が終わった後，先生は少しニコッとしながら，「Good job, Uenishi-kun. よくやったね！」と褒めてくれました。その表情と言葉に安堵して，緊張感が解け，英語が通じたという達成感を感じたのを覚えています。

第4章　英語指導の実際

　その貴重な体験が，その後の私の人生にも少なからず影響を与えていることは間違いありません。それほど教師の影響力というのは大きいと思います。生徒の様子を日頃から観察してチャンスを与え，ある種の成功体験をさせることによって，生徒の更なるステップアップへと進む可能性を育んでいくことが可能となるのです。

とにかく注意（声かけ）をしよう！

　これは，授業が困難なクラスを担当した時の筆者の教訓です。30代前半，その当時困難校の一つであった学校に転勤となり，とても苦労しました。今にして思えば，筆者の教師生命の大きな岐路ともいえる時期でありました。

　ある事件をきっかけに生徒の問題行動がエスカレートしていき，クラスによっては，授業をうまくコントロールしていくのに四苦八苦するようになっていました。筆者が授業を担当したあるクラスには，校内で幅を利かせた生徒がいて，注意するのも憚られるクラスでした。横か後ろを向いて私語をしたり，マンガを読んだり，授業に参加しない生徒などがいて，教えるのに苦慮する状況がありました。なんとか英語の授業という形をなさないと，まじめに授業を受けようとしている生徒がかわいそうだと思い，筆者なりに必死に関心を高める工夫をしたり，発音練習を楽しくしてみたりしていました。しかし，あまり効果があったとは言えませんでした。結局，注意をする以外には手立てはありませんでした。とにかく，授業の妨げになる行為に対しては注意をしていきました。言葉の使い方には少し気をつけながら言ったものです。

　「話をやめて！」「ノートを取れよ！」「今何の時間だあ！」「話を聞けよ！」などと言いながら，該当生徒のそばに行って声をかけました。一時はすんなり授業は進行するのですが，それも時間の問題で，また私語などが始まるのですが，また注意をする。その連続で注意（声かけ）をしながら，授業を展開するような状況でした。しかし，その成果が

あったのか，一応授業の体をなしてはいました。英語の授業を聞いているかどうかは別問題で，教師になって最も緊張感に満ちた授業であり，注意の時間が結構あるので，普通の英語授業とはとても言い難いところはありました。

　ある時，他の先生が授業をしている教室の横の廊下をたまたま歩いていて，窓が開いていたので中の様子が見えました。その時筆者は声を失いました。何と教卓のすぐ目の前の2,3人の生徒だけが前を向いて，その先生の授業を受けていたのです。残りの生徒たちは，私語をし放題，マンガを読む生徒，将棋をする生徒，立ち歩いている生徒など，授業中にもかかわらず，好き勝手なことをしていたのです。あまりに嘆かわしい状況でありました。その時，「こんなんでよく授業をしているなあ」と思いました。ある教師が当時の学校の状況を嘆いて，次のように言ったのを今でも思い出します。「ああ，まさに pandemonium（無法地帯）だ！」と。しかし，その当時の学校の状況からすれば，仕方がないところもあるなあ，と思いつつも，その時の教師の授業を目の当たりにして，愕然とした気持ちを抱きました。と同時に，「あのような（注意もせずに授業をする）教師にはなりたくない」という思いを改めて強く持ちました。

　その後，苦労して教えてきた，その学年の生徒が卒業式を迎える日が来ました。その日，学校で迷惑をかけていた中核グループの生徒の一人が，筆者のところに来て，次のように言ったのです。

　「先生は，注意をしてくれた！・・・」と。彼がその時，「は」を強調して言ったのが，今でも筆者の耳元に残っています。これは裏を返せば，ほとんどの教師は，彼に対して授業中注意をしていなかったことを意味すると思いました。筆者は「そうだったのかあ・・・」と心の中で呟きました。そのあと，授業の様子が思い返され，「大変なクラスだったけど，（クラスの生徒たちに目を向けて）注意していてよかったなあ・・・」とつくづく思ったのです。本当に生徒の立場に立って注意することの大切さを，その生徒たちから学んだ気がしました。筆

者にとっては貴重な教訓だったのです。先生から注意をされなければ，生徒にとっては「無視」されたという気持ちを持ちがちです。どの生徒にも，そういう思いを抱かせないために，授業に背を向けている生徒に対しても極力声をかけ，授業の中に彼らを取り込む努力をすることが教師には必要だと考えます。

積極的に Classroom English を使おう！

　高等学校では「英語の授業は，原則英語で行う」という文部科学省からの通達が，随分前になされました。どの程度の強制力があったのかは定かではありませんが，目的は何と言っても「生徒に英語コミュニケーション能力をつけさせる」ことにあります。生徒に英語を使用したコミュニケーション能力を培いたいなら，教師自身が英語を使用していく必要があります。教師自身が使用することによって，教室という環境が，英語を使用する環境に少しでも近づいていくと信じます。外国語指導助手（ALT）が教室に存在する場合は，その存在だけで英語環境が作られやすいでしょう。外国人がいるから，少しでも英語を使わないと通じない，という意識が生徒自身の中に生み出されてくるからです。その場合は，英語を使用する環境を，日本人教師があえて作ろうとしなくても，スムーズにその環境が整うのではないでしょうか。

　ここでは日本人教師が一人で授業する場合を想定してみましょう。その場合，よく言われる，Classroom English（教室英語）を積極的に取り入れたらよいと考えます。教師自身が基本的な表現を多用することで，教師が使用する英語表現に，生徒自身が徐々に慣れていくことは間違いありません。筆者の授業でも，原則英語で展開するように自分自身を強いてきました。そのことによって，生徒自身が英語を使用しようという環境づくりも可能ですし，教師自身の英語使用能力を維持することにも繋がると考えます。

　ある日の英語授業で，いつものように英語を使用して授業を展開していました。普段はあまり反応しないのですが，その日は前の方にい

る男子生徒が，積極的に英語で反応してきました。その時は，語彙テストや期末テストの話をしている最中でした。時折，分かっているかどうかを確認する意味でも生徒に投げかけをしていました。

「Do you understand so far?」と尋ねると，一人の生徒が応じました。しかも，二度も繰り返して応じてきたのです。

「I got it. I got it.」

そのあと，テストの日程の話をしていた所，それに対して別の生徒が応じてきました。次のような会話になりました。

（T: Teacher, S: Student）

T：「You will have a test in the last lesson of this semester. Maybe July 20th... Is that right?」

S：「Yes, that's right.」

T：「One week before that … 」

S：「13th.」

T：「Yes, thirteenth. Thank you. On that day I am going to talk a little about the test content.」

このような単純な会話ですが，教師が英語を使用していないと，このようなインタラクションも生まれてきません。教師が英語を使用しているからこそ，生じてくることなのです。

別の機会には，英語の新聞記事をコピーして読ませ，いくつか空欄となっている記事のタイトルを考えさせていました。筆者が机間指導で，教室を回っていた時のことです。

T：「Are you finished?」

S：「Ye...s. How about this (title)? Is it OK?」

その生徒が埋めたタイトルの文字を指示しながら，英語で反応してきたのです。すぐさま筆者は，彼の書いたタイトルを見て指さしながら，次のように言いました。

T：「This answer is good. Also, this is very close. But this is wrong …」

教師自身が普段から英語を使用して授業を展開しているが故，生徒の方も英語で反応しようという姿勢が生まれてくるのだと信じます。すべては教師次第なのです。生徒のためにも，教師自身のためにも，積極的に英語を使用する姿勢を示していくことが肝要です。

板書の仕方を考えよ！

板書の基本は，生徒のために書くものであって，教師のためのものではありません。つまり，生徒の立場に立って，授業中の板書をする必要があります。そこから派生する重要な点について記述していきましょう。

① 文字の大きさを考慮する。
② 読みやすい文字で書く。
③ 書く位置を考える。
④ 授業のポイントを押さえる板書にする。
⑤ 時には絵や図を使用する。

まず，①「文字の大きさを考慮する」という点です。これは言うまでもなく，教室という学びの場ですから，生徒が見ることのできる文字の大きさという意味です。黒板で字を書く経験が少ないと，自分で読める（黒板の前で読める）大きさの文字を書いてしまう傾向があります。40人もの生徒がいる教室では，前列の生徒は言うまでもなく，一番後ろで授業受けている生徒が，黒板の文字が見える文字を書く必要があります。そのためには当然練習が必要です。放課後の空き教室で実際に板書して，自分が教室の最後列の位置に行き，その文字を見てみるとよいでしょう。それによって，一番後列の生徒が十分読める字であるのかどうかを判断できるからです。そのあと，黒板に近づき，そこでどの程度の大きさの字なら生徒全員が読める字なのかを認識することが可能となります。

次に，②「読みやすい文字で書く」です。これは，教師自身が生徒に読む気を起こさせるような丁寧な字を書くことを意味します。中に

は自己中心的で,とにかくどんな字であれ,教師の書いた文字を生徒が読もうとするのは当たり前だ,と考える教師もいるようです。学習者の立場に立っているとは到底思えません。生徒に授業を受ける気にさせるためには,丁寧な板書を心がける必要があります。更に,読みやすさについて言えば,板書に慣れていないと,書いた文字が徐々に斜め上に上がるか,下降することがあります。生徒の立場に立って見ると,それはとても読みやすいとは言えないので,水平に書くように心がける必要があります。

　③「書く位置を考える」については,基本的なことですが,生徒がノートしやすいように,教えた順番がわかるように板書することです。真ん中に書き始めて,2,3行書いたら,左のほうへ書き,すぐに右のほうへ書いてしまう教師がいます。生徒の立場に立つと,授業内容(板書)を追うことが苦になるような板書を避けるようにしたいものです。図1のように,通常左側から授業の流れに沿って,黒板の大きさにもよりますが,3等分に切った状態で,左・中・右と板書するようにするとよいでしょう。つまり,左側の下まで書いたら,中の上に移動し,次に右へと移動させていくのです。

　更に,授業の中でポイントを押さえる板書を心がける点について述べます。この点はとても重要な点です。一つには,その日の授業で何が重要な点か,何を生徒に理解し習得してほしいかを知らせる必要が

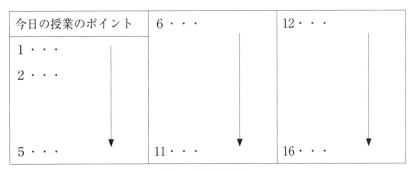

図1　板書の流れ

あります。そのためには，口頭でポイントを抑えながら，板書の左上くらいにやや大きめの文字でポイント事項をきちんと書いておきます。そのポイント事項は，授業の最後まで消さないで残しておくとよいでしょう。もっと言えば，少し強調するために色を変えるとか，□の囲みにするとかの工夫をすると，より効果があるでしょう。こうすることによって，この一時間の授業の中でのポイント事項を常に生徒に意識させ，頭に植えつけていくことが可能となります。

最後に，絵や図の使用についてです。時には，絵や図の視覚的なものを板書することも効果があります。生徒を引き付け，インパクトを与えるためには，文字だけに頼るのではなく，絵などの視覚に訴えてみましょう。実際に学習内容に関わるものを教師が描いて見せたり，図を提示して見せたり，先ほどの□の囲みや波線または下線を使用するのもよいでしょう。また，色チョークを使用して変化をもたせたりすることもお勧めします。たとえ教師の絵が上手でなくてもかまいません。（上手に越したことはないのですが）それなりの絵を描くことで，その絵を通して生徒とのインタラクションも起こり，授業が活性化していくことに繋がります。

以上，板書の仕方の基本的なことについて記述しましたが，何事も練習なくして，板書がうまくはなりません。「Practice makes perfect!」とにかく，生徒のために努力していきましょう。

演技者になろう！

英語教師は，様々な側面を持ち合わせていなくてはなりません。たとえば，performer / mentor / facilitator / supporter / motivator / organizer などです。どの要素も教師が持ち合わせるべき要素です。とりわけ，授業内で生徒を英語授業に引き込もうと思えば，演技者（performer）の要素が不可欠です。英語を学ぶ限りには，その言語に様々な要素が絡んできます。語彙・文法はもちろん，その背景となる文化的知識も必要です。習得することが難しいが故，その内容に学習者を

引きつけていくことが重要な役割となってきます。そのためにも，演技者となることが余計に求められます。例えば，授業の始まり然りです。ただ漫然とその授業内容に入るとか，淡々と語彙の確認をしていくだけでは，何ら生徒を授業に巻き込んでいくことは難しいと考えます。そのための資料を提示したり，教科書の中の写真を活用するなどの工夫は，教師なら当然すべきことでしょう。その際に同じ工夫をするにしても，その時英語教師が演技者になりうるかどうかがカギを握ると言えます。つまり，演技者になることで，資料提示等をする際に味を加えていくことが可能となるのです。

　例えば，ある写真を提示したとしましょう。その際教師は生徒が聞くに値する，明瞭で十分大きな声で発話をする必要があります。教師はクラス全体を見渡しながら，生徒が写真に注目しているかどうか確認をしていきます。もし注目していない生徒がいれば，名前を呼ぶとか，再度注目するように声をかけるなど，しなくてはいけません。

　「Pay attention to this photo, ...-kun/san!」「Look at this photo, everyone!」「Can you see this photo, class?」など，どんな表現でも構わないので，歯切れよく明瞭な言い方で生徒を引きつけるのです。生徒が注目したと思ったら，その写真について，質問するなどの工夫が必要でしょう。更には，それと同時に生徒の目が，教師の表情・ジェスチャー・態度など，すべてに注がれているようにしないといけません。その教師の授業始まりの姿勢が，授業全体に影響していくと言っても過言ではありません。といっても，最初だけ気合を入れて演技して授業すればよいわけではありません。それによって，授業全体が成功するかというと，そんなに単純なものではありません。

　次のステップに進む際にも，演技者として十分役割を果たしていく必要があります。先ほども述べたことですが，クラス全体を常に視野に入れながら，非言語的要素を駆使して生徒の心をつかんだ状態を維持していくのです。授業50分間気を抜かず，教師は集中力を絶やさず，演技者として授業をし続けていくことが肝要です。最初に述べたよう

に，様々な役割を果たしていくのが教師なので，授業内では多才な存在 (Multi-talented person) であると言えます。そのような存在として，とりわけ演技者としての役割を意識して授業を行っていけば，生徒（学習者）の授業への集中度も高まり，より楽しく授業を受けることが可能となるでしょう。教師も生徒からよりよい影響を受け，授業を楽しみながら展開できることにも繋がるでしょう。その結果，相乗効果が生まれ，生徒の英語力の向上も可能になると信じます。

インタラクションを重視

　先ほど，英語を積極的に使用しようという話をしました。これは，言うまでもなく教師が教室内で積極的に英語を使用することです。これは生徒にとって，英語を使用しやすい雰囲気になることにも繋がります。まず，教師自身が生徒に対して，英語を使う手本のようなものを示すのです。多くを語らなくても，教師の英語を積極的に使用する姿勢が，生徒の心に届くことは間違いありません。その心的な影響が生徒の心に届き，英語を使ってみようとか，英語を使うことは楽しいんだなあ，というような気持ちを湧き起こさせていく効果があると考えます。

　ここまでくれば，次の段階に入る必要があります。つまり，このセクションで述べる内容，インタラクションを重視することです。特に，生徒同士のインタラクションを積極的に活用することが，英語を使用する上達の一つの方法でしょう。なぜなら教師は一人です。たとえALTがいたにしても，2人の教師だけで生徒とやり取りをするのには限界があります。教師とのやり取りもしながら，積極的に生徒同士のコミュニケーション活動を行うことが，生徒の話す力を伸長することに繋がります。いかに多く口から英語を発するか，相手と英語でのやり取りを行うか，この量的な視点も忘れてはいけません。たとえ海外に出たにしても，同じです。黙っていては，いつまで経っても英語が上達するはずはありません。積極的に英語を使用して，相手とコミュ

ニケーションを取っていくのです。その結果，得られるものは数多くあります。損をするものは何もありません。やり取りが難しいのは当たり前です。それを生徒にしっかり伝達することも教師の役目です。最初からスムーズに英語でコミュニケーションが取れるなら，英語の授業を受ける必要はありません。自分でやればよいのです。英語でのやり取りが難しいから，授業を受けて一層の英語力伸長を図る必要があるのです。そのことを根本的に理解しておかないといけません。得てして「英語が話せない」「英語が分からない」などと言って，ネガティブなイメージだけを前面に押し出し，英語から逃げる生徒がいます。そのような生徒がいる場合，教師が積極的に関わり，話をしていかないといけません。「なぜ，このように英語を使ったやり取りをしているのか」「英語を使うことは，どういうことなのか」「英語を勉強する意味は，どこにあると思うか」等について，生徒と意見を交換することも大切なことです。そのことを通して，生徒が真に英語を使用する意味を理解し，積極的に英語を使用しようとする姿勢を持ってくれれば幸いと考えます。

　インタラクションの話に戻りますが，結局ペアワーク・グループワーク等を多用して，できるだけ英語を使わせる機会を増やすのです。ここでカギとなるのが，その仕掛けです。教師が「それでは今から，○○について英語で話しましょう」と，単に指示するだけでは，生徒間のやり取りはスムーズにはできません。生徒の英語力にも関係しますが，教師が自分のクラス状況を頭に入れながら，必要なハンドアウトを用意するのです。ここで演習です。

> これから，投げ入れ教材（ハンドアウト）を用いて，生徒同士のペアでインタラクションをさせようとしています。タイトルは『Visiting Kyoto with your friend』です。あなたは，どんなハンドアウトを用意しますか。

第4章　英語指導の実際

　さあ，インタラクションを活発にするハンドアウトはできましたか。当然，インタラクションが可能な質問を用意しておく必要があります。基本的には，５Ｗ１Ｈを中心とした疑問詞のある質問を入れたハンドアウトが必要だと考えます。Yes/No questions が入っていても構いません。それを利用してお互いに英語で語り合うのです。その質問項目に，少しストーリー性があるとよりよいでしょう。この場合，『Visiting Kyoto with your friend』というタイトルですから，例えば，次のような質問を含んだハンドアウトが考えられます。

Visiting Kyoto with your friend

　　　　　　　　No（　　　　　）Name（　　　　　　　）

A: Have you ever been to Kyoto?
B: (Yes / No).
A: (in case of Yes) Where in Kyoto did you go? How was it?
B: (　　　　　　　　).
A: What did you do there?
B: (　　　　　　　　).
A: How long did you stay there?
B: (　　　　　　　　).
A: Did you stay at a hotel?
B: (Yes / No).
A: (In case of No) where did you stay?
B: (　　　　　　　　).
A: How was it? Did you feel comfortable?
B: (　　　　　　　　).
A: How about food there? Did it taste good?
B: (　　　　　　　　).
A: What did you eat there?
B: (　　　　　　　　).
A: Oh, really? I want to go to Kyoto soon, too. Thank you.

> In case the other person has never been to Kyoto, you should ask him/her questions using the present tense as follows:
>
> A: Have you ever been to Kyoto?
> B: (No).
> A: What do you know about Kyoto? Please tell me about it.
> B: (   ).
> A: Oh, I see. Well, where in Japan do you want to go? Why?
> B: (   ).
> A: What do you want to do there?
> B: (   ).
> A: How long do you want to stay there?
> B: (   ).
> A:
> B:
> A:
> B:
> …

心に余裕を！（完璧を課さない）

　一回の授業で，教師が教えた内容を生徒全員が理解することは至難の技です。確かに，その授業時間内で生徒全員に学習内容を理解させるのは理想ですが，現実はそんなに容易なものではありません。完璧を目標とするのはよいことですが，それを無理に自分に課そうとしない方がよいでしょう。教師自身が，自分にもっと寛容になる方がよいでしょう。誤解のないように述べておきますが，教師自身が事前に完璧と言えるほどの準備をすることはとても意義深いことです。しかし，その準備したことと教えた結果というのはイコールではないのです。これだけ完璧ともいえる授業準備をしたのだから，生徒もそれなりに十分理解し，授業に満足してくれるだろう，と勝手に思い込んではいけません。むしろ，そこまで時間をかけて授業準備をすることは，教

師にとって当然のようでもありますが，今のご時世，多忙を極める教師の状況を鑑みれば，誇るべき教師の鏡とも言うべき姿ではないでしょうか。

しかし，教師自身が授業準備にかけた情熱や時間に対して，それに相当する見返りのような大きな期待を生徒から望んではいけません。期待すること自体は構いませんが，教えたことをどの程度理解できたか，どこで躓いているかなど，むしろ生徒が理解したことを検証することの方に，より労力を費やすように心がける方がよいのではないでしょうか。例えば，関係代名詞を教える時などに苦慮した経験があります。ご存知のように，関係詞は日本語にはない文法事項なので，生徒にとっても理解しがたい内容のようです。その文法事項を説明して十分理解させようとすると，時間がいくらあっても足りないと感じます。しかも，関係詞と一言で言いますが，ご存知のように，関係代名詞（which, who, whose, what など），関係副詞（where, when, how）そして複合関係詞（whatever, wherever, whenever など）があるので，本当に理解しがたい事項です。どのような英文構成になった時に，どの関係詞を使用するかをきちんと理解させないといけません。例えば，関係代名詞の説明時に，黒板に板書して次のような説明をします。

「いいですか，皆さん。この英文 This is the person（　　）is famous for inventing many things. を例にとると，関係代名詞のあとに動詞が来ていますね。しかも，括弧の関係代名詞の前（先行詞といいますが）が人ですよね。このような場合は who が来るのですよ。つまり，「人（　　）動詞〜」のパターンです」

筆者自身も，このような形で学習したのを覚えています。このパターン化して関係詞が何かを考えていく授業がよく行われてきました。直接生徒に教え込む方法です。それに対して，例文を使用して生徒に気付かせようとする consciousness raising という方法もとられています。この場合だと関係代名詞 who が来る例文をあげて，そのパターンに気づかせていくものです。生徒自身がそれに気づくのですから，

その内容が定着する可能性は高いように思います。

　どちらの方法をとるにしろ，完璧に一度の学習で全員が理解できるほど簡単なものではありません。筆者が言いたいのは，そのことなのです。教師自身が完璧主義者であったとすれば，生徒自身も息苦しくなるように思います。教師に心の余裕がないと，よい教育はできないと考えます。一度ですぐに理解できなくても，次の機会あるいは徐々に，その内容が生徒のものになればよいという，少し柔軟な姿勢を身に着けていくことが肝要です。教師は授業中，神経を少し研ぎ澄ませて，生徒の顔の表情や姿勢・態度に気を付けておくことが必要でしょう。生徒の様子から，いろんなことに気づくことができる教師になることが大切だと考えます。すぐに完璧を目指すことから離れて，心の余裕をもって生徒が少しでも理解を深められる授業展開を心がけた方がよいでしょう。

机間指導の活用

　教科指導をする上で，心がけなくてはならないことがいくつかあります。その中の一つが机間指導です。教師が自分の教科を教える際に，講義形式で話をする場面も当然必要です。教師が知識の伝達をすることは，最低限必要な教育です。黒板（白板）を使用しながら，あるいはスクリーンを使いながら，その授業で生徒に理解してほしい内容を教師は説明していきます。その際，教壇のところ，あるいは教壇の周囲に立って話をしていく傾向はあるでしょう。しかし，その説明が終わると，その学習内容の理解を深める活動やそれに関わる教師とのインタラクションが通常行われていきます。その時が，教師にとっても生徒にとっても重要な時間となります。つまり，内容に関わって教師が机間指導を行うからです。

　例えば，英語教科指導の場合で，関係代名詞のwhoを例に取ってみましょう。文法指導には，多くの例を挙げて気づかせる方法もありますが，ここでは，その項目の説明をし，そのための練習をしていく

方法を取り上げてみましょう。教師が独自に作成した並べ替え、穴埋め、部分英作文等の文法項目に関わる問題に取り組ませます。例として以下のような問題が挙げられます。

・The man（　　　）got the first prize is Tomoki's father.
・That old lady is a woman（　　　　）has grown many types of flowers here.

ペアワークで who を使用して、相手のことを述べてみることもできます。

・Sachiko is a person（　　　　　　　　）.
・Makoto is a person（　　　　　　　　　）.

グループの活動として、少し難しいかもしれませんが、「How do you feel about him/her?」と聞かせて、上記のような答えを即興で言い合うのも可能でしょう。難しいと思われる場合は、事前に日本語で考えておいて、英語でやり取りをすることもできるのではないでしょうか。

この活動中、教師は机間指導として、生徒とのやり取りを行うことが可能です。その中で、生徒の疑問等を受けて、直接面と向かって教師が答えることができます。また、生徒のやり取りや問題解決をしている際に、教師がそっとアドバイスをすることも可能でしょう。また、生徒が積極的に授業の活動に参画していない場合もあります。例えば、スマホをいじくったり、ボーッとして何もしていない、などの消極的な姿勢の生徒がいた場合、その対処も机間指導をしていると、その場で指導し（話をし）英語学習への参加を促すこともできます。つまり、生徒の学習態度への参画に対する適切な対処が可能となると考えます。すべては生徒のためであり、教師自身のためでもあります。生徒が英語学習により意欲的に取り組むように促していくのが、教師として当然の務めです。教師自身にとっても、生徒の学習に対する姿勢を

目にしながら，英語授業指導方法への改善を図るヒントが得られる場合もあります。その結果，更なる指導意欲の向上にも繋がりうると考えます。それが生徒にもよりよい影響を与えることにもなるでしょう。つまり，教師と生徒の間で授業に対する相乗効果が生まれてくるとも言えるのです。

アクセントをつけた授業

　このタイトル「アクセントをつけた授業」とは何でしょう。アクセントだから強調すべきところがあるとか，メリハリが効いているとかでしょう。元々アクセントとは，単語の中で強く発音する箇所のことです。つまり，アクセントがついている授業とは，メリハリが効いていて，生徒を飽きさせない授業のことです。生徒を飽きさせないようにするには，教師の授業への工夫は欠かせません。生徒の心（気持ち）を教師の話に引きつけたり，気持ちをこめてActivityをやらせたり，あるいは教科書の内容に集中させたりする必要があります。結局，授業の指導案作成に大きく関わることでもあります。50分の授業を考えていく上で，教師の内容説明，生徒同士のインタラクション，教師と生徒のＱ＆Ａややり取りなどをどのように組み込んでいくかが大切になってきます。

　アクセントをつけた授業展開をする上で，教師と生徒の間の双方向のやり取りは，当然必要なことですが，生徒同士で行う活動を含めた三方向の授業展開も不可欠であると考えます。特に，英語の授業ともなれば，スキルを伸長させることが重要ですから，会話練習やOpen Questionsを用いて，生徒同士が自分の考えを述べ合う活動などを行い，生徒を英語授業に参画させる方法を取る必要があると考えます。そこで，授業内のどこでどんな活動をさせていくかを十分検討しておきましょう。

　授業展開の工夫ができれば，あとは実際の授業でどのように実施するかです。教師の指導力に関わることですが，アクセントをつけた授

業を実践しようと思えば，それなりにうまく生徒を巻き込むようにしないといけません。そのためには，教師のアクセントをつけた話し方（指導の仕方）が不可欠です。抑揚のない，のんべんだらりとした話し方をしていたのでは，生徒を巻き込んだ授業は到底望むべくもありません。強調したい時には，極端に声を大きく張り上げて，生徒の顔をしっかり教師の方に向けさせる必要があります。当たり前のことですが，普通の調子で話す時と強調して話す時のメリハリをつけることが大切です。一本調子で喋り捲るのは，生徒にとって退屈な授業に繋がりかねません。それを避けるために，アクセントをつけたメリハリのある話し方を心がけましょう。具体的に生徒に質問を投げかけたりする時は，少し大きめの声でトーンを少し上げて話すとよいでしょう。例えば，海外旅行の話題になっている場面を想定しましょう。英語で少し大きめの声で，次のように生徒に聞いてみます。

「Have you ever been to a foreign country?」と。それに続いて，「Yes」の返事が返ってきた場合，「Oh, really! Where did you go?」などと聞くことが可能でしょう。「No」であれば，「Do you want to go abroad?」や「Are you interested in a trip to other countries?」「Where do you want to go?」などと聞いてみるのもいいでしょう。これはあくまで教師と生徒のやり取りですが，生徒同士でやりとりをさせていく場合も，上記のような質問を使って問答することが大切です。その際には，必ずお互いに「Why?」と尋ねさせることが重要と考えます。

> ここで質問です。教師が生徒に聞いたり，ペアワークをさせるように指導する場面で，もう一つ教師が気を付けるべき重要な点があります。それは何でしょうか？

答えは Non-verbal communication をうまく使用することです。つまり，アイコンタクトやジェスチャーなどのボディランゲージをしっ

かり使って,生徒に話していくことが大切です。しっかり生徒の目を,そして顔を見ながら,引きつけるように質問をしないといけません。ある意味,教師の眼力も必要でしょう。

タイミングを大切に！
　「啐啄（そったく）」という言葉をご存じでしょうか。親鳥がまだ殻の中にいる雛鳥に対して行う行動です。雛鳥が卵の殻を破って,外の世界に出ようとして必死になっている時に,親鳥がそっと外から殻を破るのを手伝う行動です。しかも,雛鳥がつついている同じ個所を外からつついて殻を破って出てくるのを手助けするのです。これを「啐啄」と言います。つまり,雛鳥が外の世界に出る準備を始めて行動を起こしつつある,そのタイミングを逃さずに親鳥は行動を起こすのです。すごいことですね。これが可能となるのは,親鳥が四六時中,殻の中での雛の動きや様子を外からをじっと観察しているからこそ,できる行動なのです。

　人間の教育の世界も同じだと思います。例えば,授業中の一人ひとりの生徒の言動に注視し,常に観察眼を磨いて的確に生徒に対応していくことが大切です。生徒がどんな行動あるいは発言をしているか,教師の問いに対してどんな反応をしているか,またペアワークで生徒の活動の仕方はどうなのかなど,教師は集中力を切らさず,まさに目を皿のようにして教室全体を見渡し,時に机間指導をし,生徒の発話に耳を傾け,行動に目を光らせておく必要があります。

　例えば,授業の中で教師が有名な発明家トーマス・エジソンの写真を見せ,クラス全体に質問を投げかけます。

　「Do you know this person?」と教師が聞きます。更にクラス全体に「Does anyone know him?」と聞きます。そこで誰かが手を挙げて「I know him.」と発言したとしましょう。「Who is he?」と教師が聞くと,例えば,その生徒が「He is Thomas Edison.」と答えたとしましょう。その時,教師は間髪入れず,「Good answer! I think almost all of you know him because he is very famous.」と通常言います。この「Good answer!」と言うときに，その生徒の方に向いて，少しスマイルを浮かべながら，強調して賞賛の言葉をかけると，生徒もよい気分になります。やる気が増すというものです。もっと言えば，その生徒の発音がよいと感じれば，それもそっと褒めておくとよいでしょう。

　つまり，その時教師は即座にタイミングを逃さず，その答えた生徒を褒めることが大切なのです。もし答えを間違えた場合には，機転を利かせて，発言をしたこと自体を褒める方向に持っていくとよいでしょう。例えば，「Good job, ○○ -kun!」などと言って，クラス全体に対して，「みなさん，○○くんは素晴らしいと思いませんか。何が素晴らしいんでしょう？」と投げかけるのも一つの方法です。誰か適当に生徒に聞いてみるのです。その反応を見ながら，次のように言います。

　「He did a good job! He had enough courage to raise his hand and try to answer my question. This positive attitude is very important to learn English. If you have this attitude toward learning English, your English will surely *improve*!（○○くんはよくやりましたね。勇気を出して手を挙げ，質問に答えようとしました。この積極的な姿勢こそが大事です。英語の勉強には！そうすれば，英語は伸びますよ〜！）」と，英語でも日本語でも言っておくことが重要です。最後の部分は少し強調するような調子で，クラスの生徒を乗せるような言い方をする方がよいと思います。

　要するに，タイミングを逃さず，うまく褒めていくことが重要なのです。逆に，何か注意するときも，タイミングを逃してはいけません。この点に関しては別の章で述べます。また，発音に詰まった生徒がいたとすれば，その場で発音を確認し，クラス全体に投げかけて chorus reading をすることもよいでしょう。その際注意したいのは，発音に詰まった生徒への配慮を忘れないことです。その生徒のフォローを必ずしておく必要があります。例えば，「この単語の発音は少

し難いですからね。皆で確認をしてみましょう」とか,「間違えやすい単語ですね。この部分が。皆で確認をしましょう！」などと言いながら, その発音の仕方を説明し, クラス全体に発音をさせていくのも重要です。

生徒を引きつけよう！
　英語の授業をする際に, とかく注目されるのが教師の話し方です。つまり, 英語教師の場合, 英語の発音や英語スピーキング力などに目が向きがちです。確かに, 英語を話す力や上手な発音の仕方を備えた教師の方が, 生徒にとっては大変ありがたいことだと考えます。しかし, 生徒を引き付けていくためには, その部分だけではなく, 非言語的 (Non-verbal) な部分にも注目する必要があります。英語でプレゼンテーションをする場合によく言われることですが, 観客を引き付けていく方法を会得することが大事です。話し手の方に注目させていき, 目はもちろんですが, 心までも奪ってしまうほどの迫力や Performance がある方がよいでしょう。そのためにはどうすればよいのでしょうか。先ほど言いましたように, 英語でプレゼンテーションをするのと同じ要領です。つまり, Non-verbal なコミュニケーション方法を活用するのです。話の途中で pause を使用して聞き手（生徒）を引き付けたり, ジェスチャーやアイコンタクト, あるいは身体の動きを巧みに使用して, 生徒の心を掴み, 話に引き込んでいくのです。

　まず, pause の話ですが, 話の中で pause つまり「間」を取っていくことで, 生徒の心を話し手の方に向けることが容易になることが多いものです。例えば, 大事な本文の意味内容や分詞構文などの文法項目に関わる説明をしている最中に, 教師が生徒の集中力が落ちていることに気づいたとします。その時に, 説明を突如やめるのです。すると, 生徒は教師の声が聞こえていたはずなのに聞こえなくなり,「どうしたんだろう？」などと, 不可思議な思いに駆られます。教師の説明を真剣に聞いていなかった生徒でも, 教師の方に少し目線を向けて

いくようになります。それがチャンスです。その瞬間に教師は一段と声を張り上げて,「そうでなくちゃ!」とか「目が輝いているねえ,○○くん」などと,教師の方に着目したことに関わる言葉を投げかけ,英語の中身に話を持っていくのです。どれだけ集中力が続くかは分かりませんが,このような方法も生徒を引き付けていく一つの方法と言えるでしょう。

また,ジェスチャーなどもうまく活用することで,pause以上に生徒を引き付けていくのに有効と考えます。声をかけながら,同時にジェスチャーで相手に注目させるのです。指さすことは英米では,あまりよいこととはされていませんが,「Are you with me?」(わかったかな?)と言いながら,「You!」と言ってジェスチャーを交えたりしていくのです。そのような教師の仕草や動きに生徒が面白さを感じながら,教師の方に注目することになります。その場で注目させながら,英語の方に巻き込むようにしていくのが,テクニックと言えばテクニックでしょう。普段から冗談の一つでも言いながら,そのような非言語的に表現することを心がけていくことも肝要と考えます。

更には,身体の動きや姿勢などに心を配ることも必要でしょう。当然のことですが,教師は教壇の前に立って説明しているだけではよくありません。何か課題のようなものを与えて,それを生徒がしている最中に机間指導をすることがよくありますが,そればかりではなく,説明をしている最中にも生徒に近づいていき,教師の方に引き付けていくようにしたいものです。質問を投げかけた時などは,特に教師が生徒の方に歩み寄り,物理的な距離を縮めることで,心の距離も同様に縮めることが可能です。それによって生徒一人ひとりとのやり取りも可能となるので,極力教室の中を移動していくように心がけましょう。

次に,アイコンタクトについて述べていきます。昔から「目は口ほどに物を言う(The eyes are eloquent as the tongue.)」と言います。確かにその通りです。目が訴える度合いは,日常生活でも非常に大きい

ものです。言葉にしなくても目の使い方一つで，意図することが相手に伝達されます。

　授業をする場合は，one-on-one communication と違い，クラス全員の生徒たちを対象としなくてはなりません。そのため，一人の人だけとのアイコンタクトではなく，聴衆全体に対してアイコンタクトを行う必要があります。授業をするときに，クラス全体への目配りをしながら，時折，集中度が高いような生徒に少し目を止めてアイコンタクトをする方法をとる方が賢明です。その対象者とは，授業をしている時に，特に興味・関心を持っている，眼を輝かせて集中して聞いている様子のある生徒です。そのような生徒に少し時間をとり，アイコンタクトをとると，あなた自身の授業の展開がよりよい方向へ展開します。全体を対象にしつつも，聞き耳を立ててくれている人に，少し多くのアイコンタクトの時間を割くことで，あなた自身の授業に対する意欲は高揚します。

　具体的には，全体を見るときは教室全体をZの文字を描くように目線を動かすとよいでしょう。つまり，まず左後方座席から右の方へ視線を動かす。次に，右後方から斜め前へ向かって動かし，左前方の座席まで動かします。最後に，左前方から右前方に向けて横に動かします。それが全体に向けてアイコンタクトをする場合ですが，当然のことながら，先ほど述べたように真剣に聞いている生徒に対しては，目線をほんの少し止める時間を取ることも必要です。そうしながらも，全体を見たり，左右に目線を動かしたりして，生徒たちの集中力を持続するように努めていきます。

　更に，アイコンタクトをする際に，もう一つ重要な点は，同時にボディランゲージを使うことです。当然のことですが，アイコンタクをしているといって，それだけを non-verbal でするわけではありません。つまり，この場合であれば，「頷き」が一つの要素として伴ってきます。相手に対して同意を求めるボディランゲージです。ある対象者のところで目線が止まっている際には特に，この「頷き」がよい効

果を持ちます。『いいですか？これが重要な点なんですよ！よく聞いてください』などと「頷き」を用いて心で訴えるのです。これはほんの１，２度で結構です。次の人にまた同様に「頷き」をするのです。一連の動作ですから，同時に他のボディランゲージも使います。それは「身体」と「手」です。「身体」は前に少し屈みこむようにして，踏み込むような動きをします。「いいですか？重要なのですよ！」などと，身体の動きで訴えるのです。また，「手」は相手に向かって水平に差し出します。その際注意しなくてはならないのは，手の平は上にして訴えていく。指でさしてはいけません。聞き手によりインパクトを与え，話の中身へ聴衆を取り込ませる効果があります。

　以上，非言語コミュニケーション（non-verbal communication）の重要性について述べてきました。結局，授業中あらゆる手段を講じながら，生徒を授業に集中させるように努めるのが，教師の重要な役割の一つです。

明るい表情で！

　教師が授業をする時には，教壇に立って構えてしまう傾向があります。授業に意欲的な生徒，ただ座っているだけの生徒，注意散漫な生徒など，様々な生徒がいる中で，クラスをコントロールしながら，授業を展開しなくてはなりません。そのため，授業中に常に明るい表情（笑顔）で授業をし続けるのが難しい状況があります。特に，学期の最初の頃は，厳しい表情をしながら授業をしていくこともあるでしょう。しかし，いつまでもその表情で授業をしていくと，生徒も楽しくありません。教師の方が，自ら授業の雰囲気をよくする努力が必要です。生徒との人間関係を構築しながら，授業を展開していく余裕が持てるようにする必要があります。その努力の結果，うまく授業展開が行え，余裕も出てくるので，自然と明るい，時に笑顔を見せることができる授業が実践できるようになるでしょう。

　とはいえ，授業内で笑顔を見せることのできない，厳しい表情をし

なくてはならない場面もあります。授業に対してやる気のない態度で何もしなかったり，授業に遅刻してふてぶてしい顔をして何も言わず勝手に席に着いたり，更には教師の話を聞かず私語をしたり等々，明るい表情で対応しづらい場面が多々あります。その場合には，当然のことですが，穏やかな明るい表情で対処していくのではなく，該当の生徒に対しては，その場に応じた適切な指導しておくことが必要です。該当生徒の今後のためにも，厳しく対処していかなくてはいけません。ここでは，あくまで授業を展開している際に，授業内容を単に必死で教えるだけではなく，生徒の心を和ましながら生徒を授業に入り込ませるために，教師の姿勢の一つとして，時に明るい笑顔のある表情を見せながら，授業を展開していくことも大切であることを述べているのです。

　では，そのような明るい表情で授業を展開できるようにするには，どうしたらよいのでしょうか。そのためには，第3章生徒理解と教師発話の中で述べたように，日頃から生徒と対話をし，一人の人間として理解をしていかなくてはなりません。授業内外でのやり取りを通して，徐々にお互いの心の垣根が縮まり，授業で話をする時に余裕が持てるようになります。もう一つ余裕をもって授業を行うには，授業計画を綿密にしておくことも大切です。50分の授業内で，その時の教える単元をどのような展開にしていくのか，教師からの重要な事項の説明・生徒との英語によるインタラクション，その他いろいろな活動のために，きちんと授業計画を整理しておきます。そのようなことをしておけば，その授業での展開は大丈夫と言える段階と考えます。徐々に，授業内でも柔らかい表情ができるようになり，時に笑顔を浮かべながら，時に少しでも冗談を交える余裕のある授業展開が可能となります。

　生徒の英語力向上等のために，一生懸命教壇に立って頑張ることはとても大切なことです。しかし，生徒がより楽しく授業を受けるという側面から見た場合，少し余裕のある明るい表情で授業を行うことも

必要でしょう。もし自分自身がいつも固い表情のままで授業を展開していると思われそうなら，この章で記述してきた内容を頭の片隅においてもらい，そのことを少し意識して授業を展開されてはいかがでしょうか。

第3節　英語授業後

授業をモニターしよう！

　授業後に重要となる点は，まず自分が計画した指導案と実際に行った授業との比較・検討です。事前に計画していたことが，実際の授業でどの程度できたのか，検討する必要があります。それを行う際に大切なことは，反省ばかりに目を向けないことです。確かに，計画していたことが得てして実践できなかったという事態が起こることがあります。それは，授業前には教師が頭で考えた指導案でしかないからです。実際に授業してみると，意外に生徒の活動に時間がかかったり，簡単に理解してくれるであろうと予想していた箇所で，説明に手間取ったりすることもあります。そのようなことが起こってくると，指導案通りにはいかなくなり，教師が計画していたことができなくなってしまいます。授業をモニターしてみると，結果的に上記したようなことが，目立つ傾向がありますが，実施した授業を肯定的に評価すべき点もあると思います。その評価できる点は，今後の授業実践に向けて教師自身を鼓舞する，激励するために必要なことです。それらを含めて，様々な角度から実施した授業を振り返ること（Reflection）が重要です。ここで問題です。

> 教師が実践した授業について，具体的にどんな観点で授業を振り返ったらよいでしょうか。

　基本的に，wh 疑問詞で（授業を）振り返っていくのがよいと言われます。つまり，wh 疑問詞ですから，「Who taught whom what how and why etc.（誰が誰に何をどのように，どうして教えたのか」の視点を踏まえて考えてみるのです。そのことをもっと具体的な観点で考えてみる

と，以下のような下位項目が挙げられるでしょう。
Who: 教師の視点（表情・しぐさ・服装など），教師の英語（声の大きさ・分かりやすさ・やり取りなど），
Whom: 生徒の視点（分かりやすさ・やる気・有効性・楽しさなど）
What: 教材（指導内容・投げ入れ教材等）・指導目標
How: 指導方法（全体の展開・4技能・工夫・板書・やり取り・丁寧さ・姿勢など）
Why: 英語学習の意義など

つまり，このセクションでは上記した点を踏まえながら，英語指導後の授業実践の振り返りについて考えてみます。

教案と実際の授業

「英語授業前」のセクションで述べたように，実際に授業をする前に，まず Teaching plan（教案）を立てます。次の授業で教える指導内容を基に，大まかに言えば，Introduction（導入），メインの Content（内容），そして Consolidation（まとめ）のような形で作成します。その授業計画に基づいて授業実践をした後，導入部分の指導，中核となる本授業でのポイントの教え方，それを補うプリントなど（補助教材）の効果や生徒の関心を高めたり，英語力を向上させるための活動がよかったかどうかなど，教師自身がじっくりと検証する必要があります。教師が予想していた通り，生徒が重要な指導内容（ポイント）をきちんと理解していたか，集中して教師の話を聞いていたかなど，自省していきます。このためには，大まかな計画でもよいですから，最低限の指導内容に関して，頭の中で思考するばかりでなく，実際にシートに書いておくとか，タイプしておくなど，文字化しておくことを勧めます。経験を積んだ英語教師となると，頭の中だけでプランを練って授業に臨む傾向があります。それでうまくいっている場合は，それでもよいでしょう。しかし，特に指導経験の短い教師は，文字化してお

くことによって，実際の授業を実施した後，その教案と実際行った授業を対照させて，教師自身が今回の授業で足りなかった点，もっと工夫すべきだった点など，本時の授業でよかった点も含めて，具体的に明らかにしていくことが可能となります。それについても，きちんと記録として残しておくことを勧めます。

　例えば，教師の方が元気一杯，一生懸命に英語を教えていれば，その教室内の生徒もそれに乗せられて，徐々にやる気を高めていくことでしょう。それは，他のセクションでも述べたことですが，教師の「やる気度」をどれだけ生徒に示せるか，指導方法を思考して実践しているかなど，いろんな要素が絡んでいると考えます。その際に，教師の声の大きさや話し方，振る舞いなどは，目に見える形及び聞こえる形で，教えている生徒に影響を与えます。自省をする場合に，見聞きし，感じたものが中心となりますが，より正確に知ろうと思えば，時間が許す範囲でしかできませんが，ビデオに撮っておくなどして，後で授業を見てみるのもよい方法です。

　もちろん，授業の反省ばかりに目を向けていてはいけません。実施した授業でよい点もあるはずです。今回実施した授業が，内容的にも指導上よかったと思う点は，大いに自分を称賛し，今後の授業に更に生かしていくこともできます。その実践したことが成功と思えたならば，それをメモに残して取っておき，次に同じような内容で教える機会があった時に，それを活用することもできます。

　いずれにしても，大まかなものであっても，授業前に作成した指導案と授業後に振り返った指導方法やその内容を比較・検討し，様々な観点から教案通りにできた点，またできなかった点を列挙し，その理由を考察して，今後学習者（生徒）のためによりよい授業をしていくことができるよう，英語教師は精進をしていくことが賢明です。

教材について考える！

　このテーマは，中学校や高校の英語教師にとっては，通常あまり深

第4章　英語指導の実際

く考えるものではありません。というのも，教材といっても教える教材，つまり教科書は指定されているからです。それを使用して教えていくことが必須なのです。しかも，同じ学年では，原則同じ教科書を使用していますので，他の教師と進度を合わせて教えていかなくてはなりません。例えば，1学期の中間テスト前までにレッスン2まで終了しておく，などの制約が課されてきます。

　それでは，教師はただ教科書だけを教えていけばよいのでしょうか。よく使われるフレーズですが，「教科書を教えるのではなく，教科書で教える」ということでしょう。教師は各レッスンの内容を基に，指導方法を工夫することが求められます。当然，限られた時間ですから，教科書のレッスン内容をカバーしていくことが最優先になります。それを否定するものではありません。その指導する（教科書）内容をしっかりと吟味して，授業の工夫をしていくことが肝要です。その内容を基に，ペアワークなどの活動を取り入れるのも方法でしょう。さらには，指導内容と関連のある「投げ入れ教材」の導入も考えられます。

　例えば，あるレッスンがトーマス・エジソンという発明家の人生に関わる話であったとすれば，エジソンの出身国に関わることや彼のエピソードを調べて興味・関心を引きそうなものを少し入れてみるとよいと考えます。ご存知のように，イギリスの出身であるエジソンは白熱電球の発明家として世界に名を知られています。そのプロセスは，それほど平坦なものではありませんでした。失敗の連続だったのです。全世界の様々なもの，例えば日本では京都の竹も実験材料として使用し，何千回という失敗ののち，ついに電気（フィラメント）を発明したのです。ここでよく言われることですが，途中でやめていたら，エジソンという人物が白熱電球を発明した偉人としての名は残っていないでしょう。成功するまでやったから後世に名を馳せているのです。エジソンの話を個々人の夢や目標に置き換えて，「成功するまでやったから，成功者となるのです。途中でやめていたら，こうはなっていないのですよ。皆さんも努力して成功するまでやり遂げるようにしま

しょう！」などと話すことができるでしょう。

　少しでも生徒が興味・関心を引き，やる気にさせることをしていくことが肝要です。ただ単語や熟語を多く覚えればよいとか，リスニング力やリーディング力がつけさえすればよい，などという考えのみに縛られていてはいけません。確かに，語彙力や英語技能をつけることはとても大事なことです。そのことは教師として当然なすべきことです。しかし，教師がそのことに傾注しすぎていると，目の前の生徒（学習者）の心もその方向に流れていき，英語を楽しく学ぶことや人間の成長を助けるための教育，つまり本来やるべき学習（勉強），「生きる力」ともいえるものからかけ離れていくように思います。

　このように，投げ入れ教材一つとっても，教育の根本を見つめるよい機会なのです。教師は生徒の知的成長ばかりでなく，人間的な成長をもより促すための存在なのです。先ほど述べたように，「教科書（内容）を教える」だけではなく，「教科書で教える」という視点を常に持ち，生徒がより英語の勉強を楽しみ，頑張っていけるような指導をしていきたいものです。時間の許す範囲で投げ入れ教材等を導入し，授業の工夫をしていきましょう！

生徒の発話量は？

　生徒の発話量に関して，教師中心の授業展開であると，自ずと生徒が発話する絶対量が少なくなっているのは間違いありません。英語の授業の場合，英語発信力を伸長するためには，授業内で生徒が英語を使用する場面，つまりコミュニケーション活動を実際にしていくことが必要となります。しかし，単に生徒に英語で話させればよいという問題でもありません。このあたりのバランスが大切でしょう。授業展開中に，どこで生徒の発話を促すか，教師が授業前に決定しておかなくてはなりません。授業をしていく上で，生徒に内容を理解させていく所とそれを使用して対話練習をする所を明確にしておく必要があります。そのメリハリのある授業を展開していれば，生徒の発話量が確

第4章　英語指導の実際

保されていくことになります。ただ，どの程度保証されるかは，教師の授業展開次第です。

その場合，実際に授業内でどのくらい生徒の発話量があったか，授業内で英語を十分使用していたのか，について検証していくのは容易ではありません。しかし，それを教師がきちんと把握し，前向きな姿勢で臨まない限り，生徒の発話量を増やしていくことは難しいでしょう。それでは，ここで問題です。

> 授業内で生徒の発話量がどうであったか，（例えば，発話量が少なかったか）どうかを教師が把握するにはどうしたらよいでしょうか？少し考えてみてください。

筆者の考えは以下の通りです。まず，簡単な方法としては，授業後に何人かの生徒に直接聞いてみることです。「今日の授業は結構英語を使えたかな？」「私（教師）の方がしゃべりすぎていたかなあ？どうだった？」などと尋ねてみるのです。その反応が曖昧であると思った場合，より具体的な問いにするのも方法でしょう。例えば，「今日の授業では，先生が話す割合と生徒が話す割合は，ざっとどのくらいだったと思う？」などです。ただし，このような具体的な質問の場合，それに明確に答えてくれそうな生徒に尋ねるようにするとよいと考えます。また，実際に積極的に英語を使用できた（したかった）場面について問うのも，意味があると考えます。どんな場面で英語を使用することを生徒が望んでいるのか，あるいは今回の授業ではどの場面で英語の使用を促すべきだったのか，などの反省点も模索できる質問も可能でしょう。しかし，この方法は，クラス全体を捉えたものではありません。一部の生徒の意見であることを頭に置いておく必要があります。

より正確な方法としては，やはり客観的な方法であるアンケート調査です。授業内の発話量は何割であったか，記載してもらう方法です。

時折，この方法で具体的な数値を得ることは意味があります。
　例えば，以下のような質問が考えられます。

　　1　授業内で十分英語を話すことができたと思いますか。
　　　とてもできた　できた　ややできた
　　　あまりできなかった　全くできなかった
　　2　時間にしてどのくらい英語を話せたと思いますか。
　　　約（　　　）分
　　3　教師の発話（説明）時間は，授業時間のどのくらいだったと思いますか。約（　　　）割

　結局，苦労してまで教師がそれをやろうとするのは，すべて目の前にいる生徒のためです。すべては，生徒の英語力を伸ばそうとする教師の情熱にかかっています。

生徒からの授業アンケート評価

　可能であれば，生徒からの評価をもらうことをお勧めします。しかし，日常的にアンケートを実施して評価をもらうことは得策とは言えません。普段から簡単にできることと言えば，授業後に教師が実際に授業をして気になった点や自信を持って実施した点について，何人かの生徒に口頭で聞いてみるのです。

　しかし，大きな区切り，例えば中間試験や期末試験終了時，あるいは試験前の最後の授業時などにアンケートを実施して，生徒の授業に対する意識を少なからず把握するとよいと考えます。そのことによって，教師が考えて実施した授業に対する生徒の意識を，より理解できるのではないでしょうか。例えば，次のような自由記述のアンケートはどうでしょうか。

　「今日の授業はどうでしたか。楽しかったですか。自由に授業の感想を書いてください」

第4章　英語指導の実際

　自由記述のアンケートは，確かに自由に書かせてよい点もあります。いろんな授業に関わる感想（よい点・悪い点）が聞けて，参考になることは間違いないでしょう。ここで問題です。

> 問題：授業後に実施する自由記述だけのアンケートの問題点とは何でしょうか？

　自分なりに考えがまとまりましたか。それでは筆者から，この問題点を指摘しましょう。その問題点とは，指導した教師自身が聞きたい点を聞くことができないことです。つまり，自由記述のみのアンケートの場合，生徒各自が授業の良かった点・悪かった点について，自由に指摘してくれることはあるでしょう。大きく見れば，これはこれで教師にとって大いに参考になることです。しかし，このやり方で授業後の情報収集をすると，教師の視点から見ると，今回の授業で細かく聞きたいことを焦点化して，生徒全員から聞くことができているとは言い難いと言えます。また，大まかな項目を挙げて文章で答えるようになっているので，漠然とは分かっても，そのことがどの程度肯定的か，あるいは否定的かは明確にはなりません。では，どうすればいいのでしょうか。それはご承知の通り，具体的な項目を挙げて5件法や6件法などで聞いてみるのです。例えば，以下は英語使用に関する筆者が行ったアンケートの一例です。

基本的に，授業は英語で行ってきました。以下の質問は，英語教師が英語を使用する場面に関するものです。具体的な授業の場面で，当てはまると思う番号に○をつけてください。

6（とてもそう思う），5（そう思う），4（ややそう思う），3（あまりそう思わない），2（そう思わない），1（とてもそう思わない）で回答してください。

1　新しい単語を説明する時，英語を使うべきだ。
2　文法の説明をする時，英語を使うべきだ。
3　生徒に様々な指示をする時，英語を使うべきだ。
4　日本や外国の文化について話す時，英語を使うべきだ。
5　授業を受けるルール（姿勢，マナーなど）を説明する時，英語を使うべきだ。
6　生徒に課題（宿題）の説明をする時，英語を使うべきだ。
7　英語と英語の文法の違いを説明する時，英語を使うべきだ。
8　生徒に（小）テストを課す時，英語を使うべきだ。
9　生徒の理解を確める時，英語を使うべきだ。
10　生徒をリラックスさせようとする時，英語を使うべきだ。

11　人間関係を作り出す（出そうとする）時，英語を使うべきだ。
12　ゲームなど活動の説明をする時，英語を使うべきだ。
13　前回の復習をする時，英語を使うべきだ。
14　授業のまとめをする時，英語を使うべきだ。
15　教師が生徒を注意したりする時，英語を使うべきだ。

16　日本人教師は，英語の授業中，英語を使うべきだと思う。
17　質問16で，それぞれそう思う（思わない）理由を述べてください。

第4章　英語指導の実際

　このような量的なアンケートを実施することによって，全体的にクラスの生徒が具体的な場面に対して，どのような意識がどの程度あるのか，把握できます。上記の例は，授業内での英語使用場面に関するものですが，このデータを集計することで，生徒は授業のどの場面で英語使用を望んでいる（いない）のかについて把握できます。その結果，教師は授業内で，例えば人間関係構築の場面では，母語使用をする方が賢明であろう，などと判断できます。この結果に必ずしも従順する必要はありません。出た結果を踏まえて，教師が判断すればよいだけのことです。しかし，教師自身が知りたいことに関して，クラスの意識傾向をより的確に把握できることは意義深いことです。更にいうと，質問項目16に続いて，項目17において自由記述で聞いています。これによって質問内容に関わる生徒の意識を更に詳細に理解することにも繋がります。これが質的なアンケートになります。つまり，量的なものと質的なものを組み合わせて，授業に対する生徒の意識を把握するのがよいと考えます。

教師の視点では？

　教師の視点から見るのは，逆に言えば生徒の視点から見るのと同じと言えるでしょう。つまり，教師が，明るい表情をして大きな声で分かりやすく教えているなら，授業を受ける生徒も，そのように感じる傾向はあるでしょう。その前に，生徒が目にするもの，教師の服装や姿勢などです。

　「教師としてきちんとした服装で生徒の前に立っていましたか？」

　「颯爽とした歩き方で授業へ行きましたか？」

　授業前というのは，得てして気が重くなりがちです。今からいろんな生徒がいる前で授業をしなくてはいけない，などと考えると，足取りが少し重くなっていくのも無理もないでしょう。しかし，教師という職業柄，授業をするのは一番大切なことです。そのような気分に負けていてはいけません。あえて元気を出して，颯爽と歩いて教室に入

りましょう。そのようにすることで，徐々に教師自身が授業モードになっていきます。その教師の前向きな姿勢が，生徒によい影響を与え，授業がよりよい展開になっていくことでしょう。

　次に，第3章「生徒理解と教師発話」でも少し触れたことですが，教師の Non-verbal communication の観点から授業後のことについて考えてみましょう。非言語的な観点から授業を振り返る場合，具体的には教師が授業をする時の表情・しぐさなどが関わってきます。自分に次のように問うてみてください。「元気よく明るい表情で教室に入りましたか？」授業が始まるベルが鳴り，教師が教室に入った瞬間，すなわち英語指導が実際に始まる前に，その勝負が始まっていると言っても過言ではないのです。つまり，教室のドアを開けた瞬間の教師の表情です。もし教師が下を向いてやや暗い表情で入ってきたとしたら，どうでしょう。生徒は，どのように感じると思いますか。お分かりのように，授業が始まる前から生徒の方も少し不安感を抱き，授業に臨まざるを得なくなるのです。教師の暗い雰囲気が，生徒に伝わっていくことになるでしょう。せっかく英語の授業が始まるというのに，これでは台無しです。その教師はすでに，授業のスタートから躓いてしまっていることになります。これでは，それ以降の授業展開がうまくいくはずはありません。生徒の英語授業へのモチベーションは下がり，授業に前向きに取り組もうとはしなくなるでしょう。

　要するに，教室のドアを開ける瞬間に，元気よい表情で生徒を見つめ，明るい雰囲気で颯爽と教壇に向かっていく方がよいでしょう。もっと言えば，時には右手を挙げて「Good morning, everyone!」と言いながら，笑顔で元気よく入るのもよいのではないでしょうか。これは人それぞれですから，自分なりのスタイルで入ってください。そして，教壇に立ち，しっかり生徒の方を向いて元気よく挨拶をし，これから英語の授業を始める雰囲気作りを心がけたいものです。更には，授業中であっても，この元気さや明るさを前面に押し出しながら，パワー全開で授業をしたかどうか，その点も自省する必要があります。その

ように，生徒が元気一杯で授業に楽しく臨めるような雰囲気作りをしていくのも教師の務めですから，その観点からも振り返る必要があります。

プラス思考で次へ

　次の授業へ向けての自省を行った結果，教師自身の気持ちがネガティブになったままでは逆効果です。授業の振り返りは，あくまで教師が，次の授業に向けて元気になるものでなくてはいけません。いままで述べてきたように，授業を振り返ることで，肯定的な評価よりも否定的なことが多く出てくるものです。つまり，この授業はあれもダメ，これもダメなどと，ダメ押しを自らにするようなことになりかねません。そのように授業を厳しく批判的に見ていくことはよいことですが，そうすることで教師自身の気持ちが萎えて，やる気を喪失したのでは逆効果です。結局，この点に関しては教師自身の性格などに関わる部分なので，教師自身が自己分析をして，もし自分が神経質で物事をすぐにネガティブに捉える性格と思うならば，授業の振り返りをあまり批判的に行うのではなく，むしろ評価すべき点を中心に振り返り，反省すべき点はそれよりも少ない数を列挙して，反省してみるようにするのもよいでしょう。

　「授業を肯定的に評価しつつ，反省すべきことはする」

　この姿勢で前に進んでいくことをお勧めします。前節の「生徒からのアンケート評価」の項目の所では，生徒から評価されたことに基づいて，次の授業に向けて検討していくことを述べました。しかし，そこでは記述しませんでしたが，授業を否定しすぎる記述も見られる場合があります。筆者も，時折そのようなコメントをもらうことがありました。それを真に受けて，自らを否定する様なことがあってはなりません。教師自身が，自分の性格を変えることは容易ではありません。むしろ，多少悪意に満ちたコメントなら，無視するのが得策です。しかし，ネガティブな評価を受けた内容が，今後の授業実践を向上させ

る上で有効なものであるなら，積極的に受け入れ，授業を改善することは当然のことです。言うまでもないことですが，その辺りは教師自身が自分で判断し，取捨選択をしてください。

　さて，「プラス思考」で次の授業に向かっていくには，肯定的に振り返ったことは，更に推進していき，改善すべきだと自ら反省した内容に関しては，次の授業でよりよい方法と思えることを試していこうとすることが肝要です。その際，自己判断でよいのですが，もし可能であれば，信頼できる同僚かその辺りの話ができる人に，自分の考え（案）に関して相談してみるのも得策と考えます。そうすることで，更によい方法が見つかったり，自らの考えが肯定されれば，そのことでより自信を持つことにも繋がります。言い換えれば，「プラス思考」に弾みがつくというものです。

　上記してきたように，自省をすることは，生徒にとっても教師自身にとっても，とても重要なことです。『プラス思考で次へ』，別の言い方をすれば『昨日より今日，今日より明日』です。昨日の実践よりも，今日はよりよい授業に，明日はもっとよい授業になるように授業実践していくのです。常に，このように教師が心がけて授業に臨んでいけば，生徒にとってもより分かりやすい，よりよい授業を受けることができるようになります。

発信力を踏まえた英語指導？

　高校では，コミュニケーション英語Ⅰ，Ⅱ等の科目において英語授業を展開していきます。そのため，いわゆる英語4技能別の授業とはなっていません。したがって，それを考慮した授業展開となっていたかどうか，自省する必要があります。授業の中で，リーディングやリスニングは日常的に組み入れられるのが通常です。教科書を使用していれば，その日行う授業内容に関して，まずリスニングをして内容に関わる大まかな質問に答えていき，さらに詳しく語彙をさらいながら内容を読んでいき，生徒に尋ねながら教師が内容説明をしていくなど，

普通の展開として考えられるでしょう。授業がそれに終始していては，あまりよい授業展開とは言えないでしょう。生徒の立場を考えると，英語で教師が尋ねて英語で返答することがあるにしろ，それほどスピーキングに関わるものではありません。しかも，特定の数の生徒しか尋ねられることはないでしょうから。そうであるなら，スピーキング活動を授業のどこかに差し込んでいくことが必要でしょう。

　高校などでの50分授業において，基本はリーディング等の授業においても，その中に英語発信力を培うタスクやActivityを差し込んでいけば，大なり小なり生徒の心が英語の方に向きやすいと考えます。受動的な内容を長く続けていると，誰しも集中力が徐々に落ちて，退屈さが増してくるものです。それを防ぐ方法の一つとして，他の技能に絡んだActivityの導入があります。生徒の目先を変えていくのも，やる気を持続させる一つの方法でしょう。例えば，ある重要なポイントに関わるダイアログ練習をペアで行うなどが考えられます。具体的には，答えが固定しているペアワーク練習に始まり，様々な答えが考えられるOpen Questionsのタスクもあるでしょう。相手の意向や気持ちなど，個人的なことに多少でも関わるものなら，このタイプのペアワークとなります。これは，生徒の英語レベルを考慮して，活動タスクを考えていく必要があります。その意味では，限定的な返答となるタスクの方が，あまり英語レベルを考える必要がないでしょう。

楽しい授業？

　「今日の授業は教師にとって楽しい授業でしたか？」これは，教師自身が常に自問していくべきことです。教師が授業を楽しんでいないで，生徒が授業を楽しむことができるでしょうか。答えはNoです。どんな授業内容であっても，教師が教えたこと（指導したこと）が楽しかったと思えるようでないと，学習する側（生徒）のモチベーション（やる気）が下がっている可能性があります。しかし，このことは「It's easier said than done.」（言うは易し，行うは難し）です。そこで，

楽しい授業を展開するには，どのようにしたらよいのでしょうか。これは授業前のセクションでも取り上げた項目内容ですが，再度考えてみましょう。

　楽しさを味わうことのできた授業とは，生徒が参画していた授業で，その授業の中で生徒が主人公になっていた授業です。そのためには，生徒を授業に十分巻き込むことができたかどうかが重要な点です。その際，全員ではないにしても，できるだけ多くの生徒の目が輝いている様子が好ましいと言えます。そのような姿が見られたり，感じられたりした授業であったかどうか，自省してみる必要があります。また，教師自身が「楽しかった，よかった」と思える授業になっていたかどうかは，すぐに判断できると思います。ただテキストを読み，質問をし，意味を尋ねて答えさせ，説明をする等々の，通り一遍の授業展開であったなら，教師が楽しく授業をしたとは言えないでしょう。それ故，生徒の方も授業を楽しく受けたとは言えないと考えます。実際に，生徒が授業に喜んで参画していたかどうかは，授業後に尋ねるか，簡単な事後アンケートをしてみれば明らかになるとは思います。しかし，それをするまでもなく，授業中の生徒の様子を見ていれば明白でしょう。積極的に意欲を持った顔つきをして，授業に臨んでいる生徒がどのくらいいるのか，教壇から見ると大体分かると思います。

　具体的に言えば，一つには教師の説明を聞くことが中心の授業ではなく，生徒に英語を積極的に使わせる活動を取り込み，「英語が使えた（できた）」という，ある種の感動のようなものを，生徒の心の中に引き起こすことができたかどうかが問われると考えます。その意味でも，教師自身が，その日の授業について，「楽しい授業」であったかどうか，しっかりと自省することが肝要です。

　また，内容的に楽しさを味わうことができた授業だったかどうかが重要な点です。楽しい授業にするために，授業内容に関わる「投げ入れ教材」の導入等をしたかどうかです。写真や動画など視覚的なものを使用したり，音楽などを入れることで，生徒をその方向に引き込ま

せようとしたかどうかです。また，授業内容に直結しなくても，生徒の関心事を踏まえながら，導入段階で引き込むものを導入するのもよい方法でしょう。投げ入れ教材などを使用する際，教師のパフォーマンスも大いに関わってくるものがありますので，教師の熱意を前面に押し出して，生徒に授業を楽しませるような姿勢をとっていたかどうかを自省する必要があります。

　更には，余裕がなければできませんが，授業内に教師がjokeや経験談などの余談を差し込んで，生徒の雰囲気を和らげ，楽しませていったかどうかも考えられます。英語と日本語をかけたものであったり，英語だけのものもあるでしょう。このように，教師は楽しい授業だったと思えるように，積極的な姿勢を生徒に示し，様々な工夫をしていきたいものです。

第5章 EXERCISES FOR TEACHING

演習編

　ここでは，英語指導する際の具体的な項目に対する工夫などを考えてみましょう。

目標に向けた指導工夫
　英語授業をする前に一番重要なことは，ご承知のように授業内容を頭に入れ，そのプランを明確にしておくことです。指導経験の長い教師であれば，おおよそ授業の指導計画を頭の中で作成できますが，経験が十分でない教師の場合は，きちんと教案を作成して，それを基に授業を展開する必要があります。

　まず，その中でも授業目標を明確にしておかないといけません。そうでなければ，生徒を迷わせ，授業の展開に支障が起こらないとも限りません。この授業で生徒に何を学んでほしいか（習得してほしいか）について，教師自身が明確にして授業に臨まないといけません。文法項目・重要語句・教材内容を含めた目標を明記し，それを学んだ生徒が自分のものにできるよう，教師が工夫する必要があります。例えば，タイの異文化関連に関わる題材の場合，一つの目標としては，次のようなことが考えられます。

> 本時の授業目標（内容）：タイの異文化（挨拶等の習慣）を理解し，自国の文化と比較し考える。

少し漠然とはしていますが，タイを訪れて寺院や店・ホテルなどでタイ人と出くわした時に，彼らが決まってする行動として，手を合わせての挨拶があります。最初見た時は，何かを拝んでいるのかなあ，と思いますが，出逢った人が皆自分に対してしているので，すぐにそれが挨拶の一種であることに気づきます。日本でいえば，お辞儀をするようなものでしょうか。言葉には発しませんが，人間関係をより良好にするためのきちんとした挨拶の一種なのです。筆者の経験では，その挨拶を受けた時の感触は，嫌な感じを受けることは全くありません。むしろ，その挨拶で新たな人間関係が築かれるような思いになります。こちらも同じ仕草であいさつを返すようになりますが，そのあとに，もし英語でコミュニケーションが取れるようなら，勇気を出して相手と話をしてみるのもよいように思います。

　少し脱線しましたが，このような異文化における異なる習慣を学ぶことによって，自国の文化についても深く考える機会が与えられます。その点を踏まえて，生徒に考えさせたり，言葉によらないコミュニケーションの重要性についても語ったりすることが可能です。今は内容に関わる目標に焦点を当ててきましたが，次に英語自体に関わる目標について検討してみましょう。例えば，次のような目標だったと想定しましょう。

> 本時の目標（文法項目）：間接疑問文を習得する。

　この文法項目の目標の場合，他の項目でも当然すべきことですが，学ぶ側が文法と聞いて退屈というイメージを打破できる工夫が少しでも必要です。そのためには，教師による説明は重要ですが，学習する側の立場に立って考えるなら，説明に多くの時間をとられないようにして，むしろその文法項目を活用した具体的なコミュニケーション活動を行い，それにもっと時間を割くようにする方がよいと考えます。

第5章　演習編

> ここで，目標に関わる具体的プランを考えてみてください。一つは，教師の本時の目標に関わる説明，もう一つは，具体的活動の Task sheet の作成をしてください。

あなたのプランを作成しましょう。

文法事項：間接疑問文の説明

そのあと，以下のようなタスクシートを使用しながら，コミュニケーション活動を行う。

Task Sheet
A:
B:
A:
B:
A:
B:
A:

```
B:
A:
B:
A:
B:
A:
B:
```

　筆者の案を提示します。次のようなプランが例として挙げられます。

文法事項：間接疑問文の説明

直接疑問文：wh 疑問詞 do/did 主語＋動詞（原型）・・・？
間接疑問文：wh 疑問詞＋主語＋動詞（現在・過去など）・・・
　具体例としては以下のものがあります。
　　　　　　直接疑問文：What did you buy at the shop?
　　　　　　間接疑問文：What you bought at the shop
　但し，間接疑問文の場合，目的語などの役割を担うので単独では用いない。
　　　　例）Please tell me <u>what you bought at the shop</u>.
　下線部が動詞 tell の目的語になっています。このような説明を簡単にした後で，具体的にコミュニケーション活動に入ります。ただ，すぐに活動に入ると少し難しいので，少し練習をしておいてその活動に入るほうがよいと考えます。つまり，間接疑問文を作成する練習です。
　　　　例）Where was he born?
　　　　　　　→ Tell me（where he was born）.
　　　　　　Why did she do such a thing?
　　　　　　　→ Do you know（why she did such a thing）.

　そのあと，次頁のようなタスクシートを使用しながら，コミュニケーション活動を行います。

Task Sheet

A: Hi, (　　　　).
B: Hi, (　　　　). How are you doing?
A: Fine thank you. And you.
B: I'm also fine, too.
A: Good. Anyway, do you know Tomoya? I hear he said something about his summer plan.
B: What did he say?
A: I don't know what (　　　　　　)
B: Please tell me what (　　　　　　).
A: Honestly, he has a plan with someone this summer.
B: Really? What kind of plan does he have this summer?
A: I don't know what (　　　　　　).
B: Is that true? Tell me what (　　　　　　).
A: Actually, he has a plan to go to New York with ...
B: With?
A: With YOU!
B: With ME? No, no. That is a bad rumor. Don't believe it!
A: OK. I got it.

　いずれにしても,教師の授業に対するたゆまぬ工夫が,生徒を生き生きと授業に取り組ませる大きな要因になることは間違いありません。そのことを常に心に留めて,日々の授業に真摯に取り組み続けていくことが肝要だと考えます。

授業内容の焦点化

次のダイアログを読んで，それを使用して実際に英語指導をすることを想定してみましょう。ここでは，次の2つの視点について考えてみましょう。

> （1）語彙や表現の説明では，どの語彙や表現に焦点を当てますか。その理由は何ですか。
> （2）ダイアログ内容から見て，どの箇所（英文）に焦点を当てて，内容的にどんなことを話しますか。

Dialogue: At the Hotel

Listen to the dialogue and fill in the blanks.

Ryu and his wife, Kate, arrive at a four-star hotel in Guam.

Kate: Ryu, (1) <u>it looked gorgeous from a long distance</u>, but frankly it doesn't seem so high-quality. There is not enough space where a bus stops in front of the hotel.

Ryu: Yeah, right. I didn't expect our bus would stop on the road in front of the hotel.

Ryu and his wife fill out the form at the front desk and are shown to their room, 306.

Staffer: Here is the room where you are supposed to stay. Here is the room key and (2) <u>you can use everything in this room free of charge, except drinks in the fridge.</u>

Ryu: Sure.

Staffer: Here are towels and robes etc.

Ryu: OK.

Staffer: Is everything OK? Do you have any questions, sir?

Ryu: Well, where's [the] safe?

Staffer: (can't catch his English) Safe? Of course our hotel is safe. Do you have any concerns about staying here?

Ryu:	No, no. (3) <u>I mean the safe, in which we should keep our valuables.</u>
Staffer:	Sorry, sir. These days I have a hearing problem because of my age.
Ryu:	Never mind. Everybody is the same. (4) <u>I am also hard of hearing, honestly.</u>
Staffer:	Really? You look young. May I ask your age?
Ryu:	No problem. I'm 55 years old. How about you?
Staffer:	I'm 48.
Ryu:	Oh, 48! (5) <u>You should try something to get rid of the problem.</u>
Staffer:	You can say that again. Please let me know any good tips on it.
Ryu:	Sure. Here is a tip for you.
Staffer:	(looks happy) Oh, good tip! Thank you very much.

※下線部は最初 Listening activity として使用するため，生徒のハンドアウトでは空欄となっています。

上記の英文に基づいて，2つの質問について考えてみましょう。

問1　語彙や表現の説明では，どの語彙や表現に焦点を当てますか。
　　　その理由は何ですか。

語彙や表現の説明

問2 ダイアログ内容から見て，どの箇所（英文）に焦点を当てて，内容的にどんなことを話しますか。

内容説明

筆者の考えを述べましょう。以下の通りです。

問1 語彙や表現の説明では，どの語彙や表現に焦点を当てますか。その理由は何ですか。

語彙や表現の説明
（1）語彙では，fridge, safe, tip, valuable(s) など。
 ・fridge →イギリス英語とアメリカ英語の違いに関する説明が可能です。
 ・safe は一般的に生徒が知っている意味と異なる意味での使用もあります。
 ・tip も同様です。ここでは説明せず，次の内容説明に絡めた方がよいと考えます。
 ・valuable(s) は海外旅行をする時には必須の語で，貴重品の管理など，日本にいる以上に危機意識をもって行動する必要がありますから，必ず暗記するように指示します。
（2）表現では，「May I ask your age?」と「free of charge」を取り上げます。

- 「May I ask your age?」を取り上げる理由として，年齢を尋ねる時の丁寧表現の学習となります。通常，「How old are you?」と尋ねる表現を学習していますが，丁寧に尋ねる時には，「May I～?」を使用すると説明します。
- 2つ目の表現として，「free of charge」（無料で）です。この表現は日常会話ではよく使用される表現ですから，学習者に必ず覚えておくように勧める表現です。

問2　ダイアログ内容から見て，どの箇所（英文）に焦点を当てて，内容的にどんなことを話しますか。

内容説明
　ここでは，グアムのホテルに到着して部屋に案内された場面での会話です。会話内での単語に関わって，誤解を招きそうな語を使用した会話の面白さを学習者に味合わせます。ネイティブ話者の間では普通に行われている会話の面白さを味あわせます。
- safe に関しては，語彙や表現の説明（1）で取り上げたことですが，「安全な」と「金庫」という2つの意味を絡めた会話の面白さがあります。
- tip も同じく，いわゆる「チップ（心付け）」と「情報」という意味の違いを絡めたダイアログの面白さがあります。特に tip の場合は，スタッフが後者で使用したのに対して，Ryu が機転を利かして前者の意味で使用し，相手を喜ばせるような会話となっており，英語会話の醍醐味のようなものがあります。

人の生き方を語ろう！

　「英語は人生学習だ！」と常日頃から筆者は考えています。それは，筆者の経験からも十分言えることです。英語の授業を通して，人生を見つめていくことの大切さを伝えることも必要でしょう。ただ，単位を修得するために，進級をするために，英語を勉強すればよいという考えは，本来の英語学習とは少しかけ離れたものと考えます。英語と直接関係がなくても，英語を通して人の生き方を学ぶことも重要な英語学習であります。その一例を紹介しましょう。これは，筆者が使用した生き方を見つめてもらうために学生に提示したものです。ここでは，マイケル・J・フォックスという映画俳優を取りあげます。彼の心に響く言葉に触れ，苦難に満ちた人生から多くのことを学んでいきましょう。次の質問について考えてください。

> マイケル・J・フォックスという人物を取り上げて，学習を進めていこうとする場合，あなたならどのような方法で展開していきますか。因みに，彼は『Back to the Future』という映画の主役として活躍もした人物です。

　あなたの考えを書いてください。

第5章　演習編

具体的なプラン

筆者の考えを紹介します。

　　人物が誰であるかを言わずに,「クイズ形式」を取り入れて,目の前の生徒を授業に巻き込んでいく方法を取ります。クイズ形式にするとよい点は,まず生徒が教師の方に耳を傾ける度合いが高くなります。聞いた質問に曲がり形にも,答えようとするからです。実際に聞いてみないと,その問題が難しいかどうかはわかりません。聞いて初めて,生徒の方が「分かった」とか「ちょっと難しいなあ」などと思うのではないでしょうか。
　　ここでは「クイズ形式」の導入を通して,人の生き方を知り,自らの人生に役立ててもらうことを狙いとして展開したものです。それでは具体的にどのような方法を取るのでしょうか。ある有名映画俳優を取り上げて,まずその人物が誰であるかを考えさせます。次に,彼の人生から参考となることを学びながら,授業を展開していきます。これは英語の授業内だけではなく,研修会の講師をする時にも実際に活用したものです。

Question 1: Who is this person?　Please guess who the person is. I will show some clues to you.（この人は誰でしょう。その人が誰か当ててみてください。ヒントをいくつか示します。）

- He became an actor at the age of 18.（彼は18歳で俳優になる。）
- After he overcame his hard time, he became a popular actor on a TV drama.（どん底のつらい時期を経てTVドラマの人気俳優になる。）
- The boy met a doctor who made a time machine and traveled in the future in 30 years. (Only in the story of a movie)（その少年はタイムマシーンを発明した博士に出逢い，30年後の未来を旅した。）（映画の中の話）
- → He was selected as a main actor of the film, Back to the future.（『Back to the Future』の主役に抜擢。）
- He became a member of Hollywood stars.（ハリウッドスターの仲間入り。）
- However, he contracted Parkinson's disease at the age of 30.（しかし，30歳の若さでパーキンソン病を発症。）
- At the age of 39 he left the program in which he had the starring role and stopped the activities as an actor.（39歳，主演番組を降板し，俳優活動を停止。）
- At the age of 42 he started the Research Grant Program for Parkinson's disease.（42歳，パーキンソン病の研究助成活動を開始。）
- Michael J. Fox: He set up the Research Foundation for Parkinson's disease.（マイケル・J・フォックス　パーキンソン病リサーチ財団を設立。）
- His autobiography 'Lucky man' became a best seller in the US.（自伝『ラッキーマン』はアメリカ国内でベストセラーになる。）
- He contributed all the proceeds to the foundation.（売上全てを財団に寄付。）

- His words: Without this disease, I cannot have had deep and rich feelings like this. Therefore, I think I am a lucky man.（彼の言葉：「この病気にならなければ，ぼくはこれほど深くて豊かな気持ちになれなかったはずだ。だから，ぼくは自分をラッキーマンだと思うのだ」）

Question 2: What do you think about his words? Please think about it a little.（あなたは，彼の言葉をどう思いますか？少し考えてください。）
- → Talk to your partner or in a group.（隣あるいはグループでお互いに話してみてください。）

Question 3: What do you think he wanted to say most from his way of life? Please think about it a little.（彼の人生から彼が一番言いたかったことは何だと思いますか。少し考えてみよう。）

（少し考えさせ，ペアーで話をさせたり，発表もさせるとよいと思います。そのあとで，彼の更なる言葉を紹介しながら，徐々に自分のこととしてより真剣に考えさせるのです。）
- "There is (1   ) in the past, the present and the future.「過去も今も未来も（　1　）がある。」
- → "It is your (2   )."「自分の（　2　）だ。」
- 1：what can be changed（変えられるもの）
  2：feeling / mind（気持ち）
- You accept what you cannot change. You change what can be changed.（変えられないものを受け入れる。変えられるものを変える。）
- With rich feelings, wisdom, and courage.（豊かな気持ちと知恵と勇気をもって。）
- "Happiness depends on your frame of mind, not your situation.（「幸せは状況ではなく，気持ちのあり方」）
- → You are always a lucky man.（あなたはいつもラッキーマン。）
- → Life is always wonderful.（人生はいつも素晴らしい。）

Wrap up
　⇒その人（当事者）を知る（他者理解）・その人に思いをはせる（共感）・自分で考え，それを述べる姿勢（積極性）・周囲の人の考え聞き，それを受け入れる（受容・寛容）
　⇒さらに深い思考等
　＊お互いの考えを尊重しながら，自分の考えを深化させることが可能となると考えます。このように人生について考えさせる題材を常に見つけようとすることが大切でしょう。

Activity を積極的に活用

次のテキスト（英文）を読んで、実際に英語指導をすることを想定してみましょう。ここでは、次の2つの視点について考えてみましょう。

（1）語彙や表現の説明では、どの語彙や表現に焦点を当てますか。
（2）英文内容から見て、どんな Activity をしますか。具体的な指導案を考えてください。

Unit 4 Scotland Chapter 10 Tattoo Festival

Ryu and the other teachers got together at 5 p.m. and headed for Edinburgh to watch the Tattoo Festival at the Edinburgh Castle. It took an hour to travel to the historic city. It was a little chilly that day. Ryu and his Japanese companions walked along the street to look around for the historic places. His professor was looking for one of the shops where he said they were selling some famous traditional items when the professor had studied abroad there before. Looking back on his rusty memories in those days, he sometimes talked to himself about the location, "Probably I guess the shop was around here; no, it might be over there, but in my memory it can be around here …"

"The shop might have been closed for good. It was many years ago that you visited Edinburgh the last time, Professor. Your memory has gradually been deteriorating because of your age …" Ryu said ironically….

Then, what they saw there was a huge temporary stand like the Colosseum of the ancient Roman Empire. On the opposite side of the stadium was the gorgeous castle; on the other three sides of the square was the temporary spectators' stadium. They climbed up the steep stairs to get to their seats by just following the group in front of them.

The Tattoo Festival stadium was so crowded that even though they sat in their own seats, they felt trapped in them. Ryu had brought bread and juice for a light supper, but he was sitting in such a tight space that he did not feel like eating it or taking it out of his rucksack. At one time he tried to put on his sweat shirt because it was cold, but he had quite some difficulty in putting it on and felt uncomfortable because of the crowded conditions.

At last the Tattoo Festival started. They recognized the starting because the MC gave an announcement about the Tattoo Festival. He tried to, in a sense, stir up the spectators there in order to liven up the festival by saying this:

> "Ladies and gentlemen, welcome to the Tattoo Festival 2006. We appreciate your kindness to come all the way here from various countries. Thank you for coming from far-away countries. ... Welcome to the festival, people from Chili. (Those people waved and cheered.) Thank you for coming to the festival, people from Switzerland. ... (Finally, it is time to listen to the name of the country, Japan.) Welcome to the festival, people coming from Japan." (They shouted, "Hew, hew ..." and cheered waving their hands.)

The audience was so excited, waving and cheering, that they gradually got involved in the cheering atmosphere. It was extremely exciting and thrilling. Quite a few of the army marching bands and dancing people in the parade had come from various countries. Above all, Ryu was very moved by the performance of the Swiss Army band. They had played the drums, both big and small, while marching neatly back and forth, or circling in a chorus. Sometimes they handed their sticks to the next drummer while playing at the same time. Before they knew it, the audience was clapping their hands. Though they were absorbed in the skillful performance, it was getting chilly or even cold enough for Ryu to have to wear his sweat shirt.

Activity を積極的に活用（あなたの指導案）

語彙や表現の説明及び Activity の具体案を考えてみましょう。

語彙や表現の説明

Activity の具体案

Activity を積極的に活用（筆者の指導案）

それでは筆者なりの指導案等を紹介します。

> （1）語彙や表現の説明では，どの語彙や表現に焦点を当てますか。
> （2）上記の英文から，どんな Activity をしますか。具体的な指導案を考えてください。

語彙や表現の説明
・chilly, rusty, deteriorate, ironical などを取り上げます。
・語句では，head for, stir up, get involved in を取り上げます。
・異文化的題材としては，Tattoo Festival, Colosseum of the ancient Roman Empire などの説明がよい。⇒写真や動画などを使用しながら，生徒により興味を引かせるとよいと考えます。

Activity の具体案
Activity に関しては，いろいろと考えられますが，生徒により考えさせようとするなら，ペアでダイアログを作成させ，それを基に練習をするのも一案と考えます。その場合，時間を要するので，その辺りを考慮する必要があります。もちろん，前もって教師が作成したものを基に，生徒に練習させることも可能でしょう。その場合も，上記の英文とタイアップさせることを考えるなら，上記の英文に基づいた穴埋め式のダイアログを作成し，英文を再度読みながら，その作業をやらせていくのが一つの方法です。この利点は以下の通りです。
（1）すでに読み終えた内容の英文なので，取り組みやすい。
（2）穴埋めをしながら，再度読んでいく必要があり，内容理解がより深まる。
（3）読み込んだダイアログになるので，解答を確認した後で，登場人物（Ryu）になりきって応答しやすく，それによって気持ちを込めたペアワークがしやすい。

第5章　演習編

次のような穴埋め式のダイアログを作成し，授業で活用してみてください。（下記の英文内の下線部には英語2語または3語，（　）には英語一語が入る）

<Handout for students>

Tattoo Festival in Scotland

A: Ryu, I heard you went to Scotland with your friends last year. What did you see there?

Ryu: We went to see the _____ at _____ .

A: Tattoo Festival? What is it? Does it mean participants tattoo the (　　　　　)?

Ryu: No, no. That's a different meaning. In this case, this means '(　　　　　)'. Then, my (　　　　　) told us he would show us one of the shops and we walked around the city of (　　　　　). But unfortunately he could not find the shop.

A: Why?

Ryu: I think it's because his memory has been gradually (　　　　　).

A: You must be kidding. Tell me more about the Tattoo Festival at Edinburgh Castle, Ryu.

Ryu: OK. The huge _____ was set up at the castle. It was like the Colosseum of the _____ .

A: Wow! That sounds gorgeous.

Ryu: Yes, it surely was. The Tattoo Festival was so crowded that we _____ in there.

A: Did you sit there eating and drinking?

Ryu: I bought some (　　　　　) and (　　　　　) for a light supper, but it was a little hard to eat and drink there.

A: Even so, I think you had a good time watching the festival.

Ryu: Of course. The (　　　　　) gave an announcement about the festival and it started around 8 o'clock. He had a good technique to ＿＿＿＿＿ the spectators.
A: Really? How did he do it?
Ryu: He first called the names of the (　　　　　) which the spectators came from and then aroused them to action by ＿＿＿＿＿.
A: I felt like going to see that festival now.

<Handout for the teacher>

Tattoo Festival in Scotland

A: Ryu, I heard you went to Scotland with your friends last year. What did you see there?
Ryu: We went to see the **Tattoo Festival** at **Edinburgh Castle**.
A: Tattoo Festival? What is it? Does it mean participants tattoo the (**skin**)?
Ryu: No, no. That's a different meaning. In this case, this means '(**marching**)'. Then, my (**professor**) told us he would show us one of the shops and we walked around the city of (**Edinburgh**). But unfortunately he could not find the shop.
A: Why?
Ryu: I think it's because his memory has been gradually (**deteriorating**).
A: You must be kidding. Tell me more about the Tattoo Festival at Edinburgh Castle, Ryu.
Ryu: OK. The huge **temporary stand** was set up at the castle. It was like the Colosseum of the **ancient Roman Empire**.
A: Wow! That sounds gorgeous.
Ryu: Yes, it surely was. The Tattoo Festival was so crowded that we **felt trapped** in there.
A: Did you sit there eating and drinking?

Ryu: I bought some (**bread**) and (**juice**) for a light supper, but it was a little hard to eat and drink there.
A: Even so, I think you had a good time watching the festival.
Ryu: Of course. The (**MC**) gave an announcement about the festival and it started around 8 o'clock. He had a good technique to stir up the spectators.
A: Really? How did he do it?
Ryu: He first called the names of the (**countries**) which the spectators came from and then aroused them to action by <u>waving and cheering</u>.
A: I felt like going to see that festival now.

英語の誤りの指摘は？

　英語指導をする上で，教育者として大切なことの一つとして，褒めることが挙げられます。「人は褒めて伸びる，成長する」からです。しかし，状況によっては褒めてばかりもいられません。学習者が（英語の）誤りをした場合，その修正をするのも教師の務めです。その指導をする際に重要なことは，その指摘を慎重に行うことです。学習者の性格など，様々な要因によって誤りを指摘された際に学習者が受ける心的影響を，教師は念頭に置いておかなくてはいけません。例えば，誤りをとても気にする性格の学習者には，特に慎重に指導する必要があります。もちろん，単刀直入に英語の誤りを指導してもかまわない学習者もいます。

　英語指導の場合，どんな場面で学習者の誤りを指導するのかも考慮すべき点と考えます。例えば，リスニングやリーディング等で指導する際には，全体指導で可能な場合が多いと思いますが，個々に指導する際でも，さほど学習者の心的な影響を考える必要はない場合が多いと思います。それは受容技能を中心とした指導の場合は，学習者が理解しにくかったり，聞き取りにくかったりした所やそれに関わる問題を（理由も含めて）教師は割と淡々と説明することによる指導が可能であるからです。

　その一方で，発信技能（特にスピーキング）の場合，誤りを指摘する際には慎重さを要することが多いでしょう。スピーキング指導の場合，学習者自身が英語で発話をするだけでも，心的に負荷がかかる傾向があります。特に，英語での発話（特に発音）の誤りを指摘される場合には，学習者にとって心的影響が大きいと言えます。したがって，教師は学習者の誤りを指摘する際に，フォローをしていくことが大切です。次のような簡単な会話練習を例にとってみましょう。

A: Hi, (Name). Have you ever been to an amusement park?
B: Yes. I like it very much.
A: As you know, there are so many attractions there. How do

第5章　演習編

　　　you feel about riding a roller coaster?
B: (　　　　　　　　).
A: Oh, really. I feel the same way.

この（　　　）の中に語句を入れて会話をするとすれば，いろいろと答えが考えられます。

> ここで質問です。例えば，ある生徒（B）が「I am very happy.」と言ったとしましょう。この時，あなたならどのように当該生徒に対応しますか。

＜あなたの対応方法＞

筆者の考えを紹介します。

　コミュニケーションをする上では，一応 OK とはなるでしょう。しかし，文法的に正しい答えとは言えませんので，訂正をする必要があります。その際に，生徒の立場に立った指導が必要です。例えば，「OK.」と柔らかく言っておいて，「（文法的には）Correctly, you should say, "I feel very happy." と言う方がいいよ」と言って，生徒に言わせてみるのです。その際，発音や抑揚もきちんと教えていくのが親切でしょう。特に，発音では「feel」の「f」や「happy」の「a」（æ）の発音などは要注意でしょう。抑揚では「happy」を強く読むようになりますから，実際にやらせてみながら，少しでも出来たら，「Good」と褒めていく細かい配慮も必要です。
　もう少し言うなら，Bの（　　　　　）には様々な返答が考えら

れます。ここでは3例ほど列挙します。以下の通りです。

<u>B: I feel very thrilled. / I feel very scared. / I feel very excited.</u>

　ここで最初の例文を取り上げると，その英語発話の指導には慎重さが必要だと考えます。抑揚を考えると，「thrilled」という語を強く読むようになります。それは単純で問題はないと思いますが，この「thrilled」という単語の発音の話になると，その語の発音が難しい点を考えて，指導をする必要があります。しかし，教師によっては「（英語が）通じればいい，コミュニケーションが取れればいいのだから・・・」という考えの人もいるでしょう。とは言え，英語の発音をより正確に指導するのも，英語教師の務めであると考えます。教師が発音指導し，その練習をした後で，その後の発音等をどうするかは学習者次第であるとは思います。より良い発音を目指そうとするならば，生徒自身が発音練習をもっとするでしょう。そのような学習者になってもらいたい，という強い意識を筆者は持っています。

　さて，英語の発音の修正を指摘する場合ですが，全体で発音の指導をした上で，個々の学習者の指導をすることになります。誤った発音等を指摘しながら，少しでも良い点を探して，褒めることが大切でしょう。先ほども述べたように，人間は褒められると，気分が高揚し，誤りや修正の指摘を受けても受け入れやすい心情になっています。その時に発音などの誤りを簡潔に指摘するのです。しつこく誤りを指摘するのは，得策とは言えません。学習しようとするやる気を損ねる可能性が高いからです。

　「なかなか抑揚はうまくいっていますよ。あとは「th」の発音ですね。「th」と「s」の発音は違いますから，先ほど説明したように，舌先を少し出すようにして発音をしましょう。やってみて？・・・」

　このように言いながら，少しでもうまくできれば，「You did a good job.（いいですねえ）」と言って，学習者を心地よい気分にするのです。そうなると，もう少し努力してみよう，という気持ちになるのではないでしょうか。個々の学習者によって異なりますから，一人ひとりの性格などを考慮しながら，誤っていれば指摘をし，その後のフォローを忘れずに，教師は英語のスピーキング指導をする

必要があるでしょう。結局，大事な点は以下のことです。
＊英語の誤りの指摘は，生徒個々人のことを考慮しながら，その場で指摘する。その際，必ずフォローを忘れないこと！

やる気にさせる工夫

　このセクションでは，少しでも英語をやる気にさせていく工夫（方法）について考えていきます。もちろん，英語をやる気にさせていく方法には，いろいろあるとは思います。ここでは，授業の投げ入れ的な教材を念頭に置いて，生徒になじみのある話題を活用してやる気にさせる工夫について考えていきましょう。ここでは，歌手で俳優の福山雅治さんを取り上げます。

> ここで質問です。福山雅治さんの生き方を含め，やる気を高めさせるために，どのように授業を展開していきますか。計画案を少し考えてください。

　それでは筆者の計画案を紹介します。筆者が考えるプランは，動画等を取り入れて，質問形式で学習者にじっくり考えさせながら英語学習のやる気を高めていきます。提示は全てパワーポイントを使用して行っていきます。

＜授業手順＞

1. 彼の音楽を聞かせます。有名な曲がいいと思います。その曲を流しながら，歌手を当てさせるのです。イントロが結構あるので，集中して聞きます。その時，次のように言います。

    「Do you know this person? If you get the answer, please raise your hand.」

    それから，20秒かそこら経った頃，手が挙がります。皆よく知っているので，「福山雅治」という答えが出ます。歌っている動画を流しながら続けます。

    「That's right. Masaharu Fukuyama. Please watch it / listen to the song for a while.」

2. 1分くらい経過した頃，再び質問をします。

第5章　演習編

「What do you think is the reason why I showed him to you? ... Actually, I would like you to think about a way of life. He made a big success as a singer and an actor.」

「How come he succeeded in the show business? Why do you think he was a big success?」

その質問に対して，プリントか何かに自分の考えを書くように指示します。

3．ペアで1, 2分話をさせます。それから生徒に彼らの考えを聴きます。

4．次に，教師の考えを提示します。その際，重要となるのが彼の生き方です。成功理由を示しながら，彼の人生についても触れていきます。

<Fukuyama Masaharu>

After graduation at high school, he began to work as a salesperson at a local electric company. But he quit working after only 4 months and decided to go to Tokyo to become a member of the band behind Shojo-tai at 18. ..., He passed an audition after practicing a lot to become a singer while getting a part-time job at a lumber company. At his first live concert in Tokyo, there was no audience. Then now he plays an active role as a singer and an actor etc. ... this is <u>because he had enough courage to go to Tokyo at that time</u>.

<Reasons for his success>

He had a crystal-clear goal for himself. / He had a strong will to do it.

(He had some plan for it.) / He made clear quickly what he should do in his life.

He had enough courage to take action to achieve his goal.

Other factors: nice looking, good character (modest, refreshing, cheerful), good luck, etc.

One more thing, <u>courage (with some risk)</u>; can-do spirits / go-getter attitudes

5．最後に結論を提示する。「1 Set your goal　2 Plan　3 Act」
「このことがとても重要と考えます。これは英語学習も同じです。」と述べます。

6．英語学習の話を少し触れます。
　　（1）目標設定をする。（海外留学やTOEIC700点など）
　　（2）次にそのために何をする必要があるか，その計画を立てる。
　　（3）最後にその計画を行動に移す。
　　最後の行動が重要です。そこで教師は次のように締めくくります。
　　「行動をする（Take action）」が，英語を習得できるかどうかの最も重要なカギとなると考えます。アクションを起こした人は目標や自分の夢に近づけますが，そうでない人はいつまでも同じところに留まるか目標から遠ざかっているのです。英語の勉強も目標に向かっていくためには行動するしかありません。同じように頑張っていきましょう！」と付け加えます。

7．（時間に余裕があれば）次のペアワークをさせます。
　　各自の英語学習の「1 Set your goal　2 Plan　3 Act」について考え，お互いに自分の考えを英語で伝えさせます。

付　　録

楽しいと思える授業に向けて！

　生徒が楽しいと思える授業にするにはどうしたらよいでしょうか。まず，その点について考えてみましょう。基本的に，まず何が必要でしょうか。自分の考えを出してください。

　そのための不可欠なことは，第4章「英語指導の実際」で述べたように，教師自身が「楽しいと思える」授業をすることなのです。教師が楽しいと思えない授業は，生徒にとっても楽しい授業になりにくいのではないでしょうか。つまり，教師が楽しいと思える授業展開を考えておかなくてはいけません。その前提のもとに，授業内で教師自身が楽しみながら授業をすることが必要でしょう。一生懸命教えようとすれば，熱が入りすぎて，楽しいと思えること等，頭から遠ざかって行ってしまうこともあるでしょう。しかし，全力投球で教師が教えようとすることは大変重要なことです。一生懸命教えようとする姿勢は，必ず生徒に伝わるものです。それが授業の楽しさに結び付けられるようにすることが必要なだけです。ここで質問です。

> 具体的に「楽しいと思える」授業にするにはどうしたらよいでしょうか。少し考えてください。

　筆者が考えるに，大きく2つの視点が考えられます。一つはコミュニケーションの視点から，もう一つは内容の視点から授業を考えることです。前者の方から述べますと，楽しいと思える授業にするには，授業内における様々なコミュニケーション活動を通して，英語による成功体験を積み重ねることが大事です。第4章「英語指導の実際」の第2節「英語授業中」で記述したことですが，学習者にとって英語が

通じたなどという，ある種の感動的な体験をさせることで，英語がより楽しくなるでしょう。実際にペアワークや教師との対話を通して，「英語が通じた」とか「英語で会話ができた」などという成功体験の積み重ねによって，英語への動機づけが高まり，授業がより楽しくなってくるものだと考えます。

　次に，(授業)内容の観点です。まず，学習者の側に英語授業内容の理解が十分できたなら，そのことも「英語が分かるから楽しくなる」という方向性が考えられましょう。そのことで，次の授業が楽しみになったり，英語の予習をすることへの励みになることも考えられます。つまり，「分かる」→「楽しい」→「さらに勉強する」→「分かる」というよいサイクルが起こることになります。理解が深まって楽しさが増すことで，ますます勉強に弾みがつくと言えるでしょう。

　更には，授業内容に関連付けられるかどうかも関わってきますが，少しでも関連付けが可能であるなら，教師自身の海外体験談などを授業に盛り込むとよいと考えます。当然，海外では様々な場面に遭遇します。筆者の経験から言えば，英語でやり取りをする際に起こるコミュニケーションの齟齬，現地での多少の苦い経験(失敗談)なども，格好の教材として活用ができます。筆者の経験でも，多くの生徒が，海外旅行に関することにとても興味・関心を持っており，そのような話になると，目の色を変えて集中して授業に参加していました。その際には，視覚的な材料を準備しておくことを勧めます。現地で撮影した写真，購入したもの，さらには動画を取っていればそれを見せていくことは，とても有効です。視覚的なものは，生徒の注意を促し，集中させやすくなります。提示した内容に生徒を巻き込んでいくのが，より容易になると考えます。その時に，いくつかの質問含めたハンドアウトを用意しておくともっとよいでしょう。その質問を基に生徒に考えさせ，ペアワークなどの活動をさせることによって，英語の授業に深く関わらせることが可能になるからです。

　もっと言えば，たとえ授業内容と関係なくても，上記で述べた内容

は実施が可能です。ただし，それは授業展開に余裕がある時でしかできません。特に，横並びで同じテキストで授業をしている場合，進度が他のクラスより遅れてはいけないため，全く関係のない内容を導入していくことには危険が伴います。自分のクラスだけ，授業進度が遅れることになるからです。したがって，当たり前のことですが，授業内容と全く関係がない体験談などを導入する際には，進度等を考慮して実施しなくてはなりません。とはいえ，生徒の学習意欲を少しでも高めて楽しい授業をしていこうという強い思いがある場合，積極的にその題材を導入してみてはいかがでしょうか。それでは，次ページに筆者が実践した海外体験談の一端を紹介します。この題材は，筆者が中国の北京を訪れた時の海外体験談です。実際には，写真などの視覚教材も使用して展開していきますが，ここでは英文のみで考えていきます。

> 一連の英文はかなりの長文ですので，質問を考えながら，各Passageを読んでいき，最後にこの出来事に関して，ペアかグループで意見を述べ合うのも一案と考えます。それでは生徒のつもりで考えてみてください。（解答例は最後に掲載）

> 問1　次の英文（第1段落）を読んで，これから先のことに関して，下線部は何のことを言っていると思いますか。想像して簡単な英文で書きなさい。

　　Ryu got to the hotel in Beijing and checked in. Then he went into his room and relaxed himself for a while, watching CNN News on TV.
　　After a while, Ryu thought it was about time to take a bath and go to bed to remove fatigue. The bathtub was not nearly as deep as a traditional Japanese bath. He thought he couldn't make himself comfortable in such a shallow bath since he could not soak like in a Japanese bath. He peeped into the bathtub and first

washed it out using the shower. Then, he began to run hot water. <u>That was the beginning of his nightmare.</u> Hot water from the faucet was sent roaring into the bathtub. Imagining he could relax in the tub in 30 minutes, when the bath would become full, Ryu lay back on his bed and began to watch TV again. The male anchor on the CNN News critically reported different news such as President Obama's speech on economic policy. He was so fed up with such news reports that he lay down on the bed to get rid of fatigue from attending the conference. He intended to be on the bed for only a short time. Ryu probably felt a huge sense of relief after his presentation. Before he knew it, he began to take a nap on the bed and shortly fell soundly asleep there. Meanwhile, the hot bath water was shooting out fast from the faucet, regardless of his deep sleep. <u>That was his worst luck.</u>

問1 （あなたの考え）

問2 ＿＿＿＿＿＿＿に入れるべき表現として，何がよいか。前後の英文をよく読んで，10語程度の英語で書きなさい。

It was about one and a half hours later that Ryu woke up on the bed for no reason. He might have been concerned about the hot water flowing into the bath on a subconscious level. At that moment he heard something running fast from somewhere. He tried to attentively listen to the loud sound in order to make sure what it was. It took a moment to focus on the noise because he was still half asleep. His senses came back to normal, little by little. "Oh, this is WATER! I left the water running," Ryu heard in his mind. He jumped off of the bed quickly and tried to head for the bathtub. Then, he felt unpleasant, damp carpet under his feet as if he were stepping on a water-saturated sponge. He looked down at the floor around his feet. The color had turned from light to dark blue around his bed, because the carpet was soggy from the bath water.

Ryu headed for the bathroom, splashing on the soggy floor. Like a waterfall, the water was rapidly flowing down from the raised bathroom into the bedroom. When he opened the door to the bathroom, it was flooded with water. A large amount of water was heavily running over the edge of the bathtub. Owing to the shocking scene, he remained _____ _____ .

Then Ryu came to himself and thought he had to turn off the faucet. He walked into the warm water and swiftly turned it off. Gradually, he became calmer and began to analyze the situation, looking around the room. First, he had to cope with the hot water in the bathroom, especially around the white toilet stool. A drain was set up in the bathroom, so he had to guide as much water as possible into the waste pipe. When he checked the flow of water, it was swirling around and running into the pipe. However, the drain was not large enough to deal with such a large amount of water. Therefore, he threw a large bath towel around the stool to try to make it absorb more water. He used two large bath towels to stop water from flowing into the bedroom like a cascade. "One down! OK. What's next?" he thought. He encouraged himself to do something next. When he looked around the room, it was half covered with hot water. He found the water ran under the door outside of the room into the corridor, so he used hotel towels to stop it. Ryu pushed his room door open quietly and looked down the corridor. It was past one a.m. and it was very tranquil around there.

問2（あなたの考え）

問3　下線部の英文の後, Ryuはどのように行動すると思いますか。あなたの考えを書きなさい。

　　He found the hall floor had become dark blue for around 15 meters because of the running hot water. Judging from the spreading water, he easily expected that the water was slithering like a snake into some rooms beside his room and across from his.

　　Ryu thought, "Oh, no! What should I do? There's nothing I can do! What if I make a bath towel suck up the water here, as well?" He did it. Then, foam, looking like soap, emerged where he had wiped it. He supposed that it might have caused foam since the bath towel was not rinsed out enough. As a matter of fact, as he heard later, it had foamed because some synthetic detergent was left on the carpet in the corridor when it was last cleaned with a vacuum cleaner.

　　Ryu quit using the bath towel and went back to his room, pushing the door open slowly. He was flabbergasted to see the terrible situation while standing in front of the water-filled bathroom. He had already begun to think about the compensation for the damage. He thought, "It is flooded in this room, and the corridor has also become soggy... How much should I owe them?" Ryu had heard that someone else had run hot water onto the floor during his stay at an overseas hotel. This leaking water had annoyed people staying in the room below. However, he was so optimistic that he thought he would not get involved with such a case. Even so, he could not possibly hide this bad situation.

問3（あなたの考え）

⇒教師から簡単な概要を述べて，具体的な行動に関して，次の英文（問4）を読ませていく。

問4　次の英文を読み終えた後，中国の北京での出来事について，あなたの感想を書きなさい。

　He judged that he should get in touch with the hotel staff and honestly tell them about what had happened there. He wondered how the staff would feel about this terrible, unmanageable situation. Someone might have the feeling like this: "You good-for-nothing! How stupid Japanese people are!"

　Getting ready to be criticized, Ryu ran downstairs directly instead of giving them a call. He got to the first floor while imagining a lot of harsh criticism and blunt attitudes from the hotel staff. He clearly explained to a female staff member what happened, but unexpectedly she did not show a curt attitude at all. Rather, she hurried to his room to grasp the described situation firsthand. She acted as if this was what she really wanted to do as a staff member.

　The female staff member arrived at the spot where the floor was all covered with water. Ryu was awfully surprised to see her just deal with the problem calmly without being astounded at the awful scene. She also took appropriate measures to call people concerned and to ask for help to cope with this kind of problem.

　A few minutes later, two male staff members came in, carrying a big vacuum cleaner. The machine was capable of sucking up water. They plugged it in and made the cleaner suck in water rapidly. The cleaner made a loud noise, but it had enough suction to do a good job in the room. It took about five minutes to finish vacuuming the room. When one of the staff members opened the lid of the vacuum cleaner, the tank was awash with dirty water. He poured the water into the drain of the bathroom.

　Next, they rushed out of his room dragging the cleaner. They began to do the same job in the corridor, using this cleaner. Ryu felt so embarrassed to hear the cleaner making loud noises after one thirty a.m. Probably, many tourists had already fallen asleep in the wee hours. He was wondering what other vacationers were thinking about the noises coming from the corridor.

"What a nuisance! What are they doing around midnight like this?" Ryu imagined they would be thinking. But it took less than five minutes to get rid of the water in the corridor. After that, they went back to their normal job as if nothing had happened. He repeated to them, "I'm sorry. I'm sorry." At the same time he said, "Thank you very much." But it was no wonder they did not smile at him, since he troubled them a lot. What impressed him most at that time was that they didn't show him a wry face at all while they were doing the job. When Ryu apologized to them, they just uttered a simple word, "OK." Their facial expressions and the way of saying the word made him feel that they were trying to say, "That's all right. Never mind." Their relaxed attitudes relieved him from excessive anxiety, but at the same time he felt awfully sorry for his careless behavior. Is this what professionals show? He felt this case provided him with the opportunity that he should reflect on his halfhearted attitudes toward education as a professional teacher.

楽しいと思える授業に向けて＜解答例＞

問1　His room will be flooded with water after he wakes up.

問2　Owing to the shocking scene, he remained <u>standing there, unfocused for a while with his mouth wide open</u>.

問3　He judged that he should get in touch with the hotel staff and honestly tell them about what had happened there.
Getting ready to be criticized, Ryu ran downstairs directly instead of giving them a call.
A few minutes later, two male staff members came in, carrying a big vacuum cleaner. The machine was capable of sucking up water.
After they finished the job, Ryu apologized to them about the trouble. But they just uttered a simple word, "OK," without criticizing him.

問4　The answers vary.

参考文献

上西　幸治『Ryu's Misadventures Abroad』(ふくろう出版) 2012.
デール・カーネギー (菅靖彦訳・編)『D・カーネギー　人生のヒント』(三笠書房) 2015.
日野原重明『生きかた上手』(ユーリーグ株式会社) 2001.
マイケル・J・フォックス (入江真佐子訳)『マイケル・J・フォックスの贈る言葉』(早川書房) 2011.
James Brown.「A Street Cat Named Bob」Hodder & Stoughton Ltd. 2012.
Jack C. Richards & Charles Lockhart「Reflective Teaching in Second Language Classrooms」Cambridge University Press. 1994.

おわりに

　文中にも何度か記載しておりますが,「教師」という仕事は,本当に大変ですが,やりがいのある仕事です。その仕事を職業として全うしていくことは,とても価値あることであります。教師は,知識や考え方など多岐に渡ることを教える存在です。しかし,「教える」ことばかりではなく,生徒と「共に学び,人生を歩んでいく」存在でもあります。日々の多忙な仕事の中にも,生徒や同僚との対話などを通して,少しでも「仕事を楽しむ」という気持ちを持ちながら,前向きな姿勢で情熱をもって教師生活を送ることができるようにすることが大切と考えます。そのためには,第1章や第2章で述べてきたように,教師自身が自らの仕事に誇りを持ち,一人間として教え子の人生に関わるという意識を堅持し,自分なりに一生懸命務めていくことが大切でしょう。特に,英語教師となると,英語という教科の特性もあり,英語を教えるという点,つまり英語力(特に英語発信力)の向上という点で,一層の努力が不可欠です。その不断の努力をしながら,生徒のためによりよい教育をしていくことが大切であることは言うまでもありません。その一端も,筆者なりに本書の中に紹介したつもりです。

　筆者の自伝的な「めざせ！ 情熱英語教師」が,将来教師という仕事に就こうとされる方,あるいは,今後さらに充実した教師人生を歩んでいこうとされる方にとって,少しでも参考になれば,筆者としてもこの上ない喜びです。読者の充実した教師人生を応援しております。

　末筆ながら,溪水社社長の木村様をはじめ,多くの関係者にご協力を頂いたことを改めて感謝申し上げます。

2018年8月

上西　幸治

著者略歴

上西　幸治（うえにし　こうじ）

1957 年　広島県賀茂郡高屋町（現東広島市）生まれ。
1980 年　関西学院大学文学部教育学科卒業後，広島県立高等学校英語教諭。
1997 年　広島大学大学院学校教育研究科博士課程前期修了。（言語教育専攻）
2005 年　広島大学大学院教育学研究科博士課程後期修了。（文化教育開発専攻）
2007 年　摂南大学外国語学部准教授。
2012 年　広島大学外国語教育研究センター教授，現在に至る。
　　　　博士（教育学）

主要著書・論文

『英語教科書の歴史的研究』（辞游社，2004 年　共著）
「A Study of Factors Contributing to English Speaking Proficiency: Comparing Japanese High School and University Students' Speaking Factors」（『全国英語教育学会紀要』2004 年第 15 巻 pp.119-128）
「A Study of Factors Contributing to English Writing Ability: With a Focus on Two Types of Writing Task」（『全国英語教育学会紀要』2006 年第 17 巻 pp.71-80）
『LONGMAN ロングマン英和辞典』編集・校閲・調査協力（桐原書店，2006 年）
『Factors in Determining English Speaking Ability: With a Focus on Japanese EFL Learners』（溪水社，2007 年　単著）
『英語でプレゼン！』（丸善京都出版サービスセンター，2009 年　単著）
『Ryu's Misadventures Abroad』（ふくろう出版，2012 年　単著）
「Creating criterion for benchmark sentences for the development of a new English Readability Index: Ozasa-Fukui Year Level, Ver. 3.5nhnc1-6」（International Conference of Social Sciences and Business, Proceedings 2016 年 pp.395-404　共著）
『English for World Travel』（英宝社，2016 年　共著）
『人生、夢に向かってチャレンジ！』（丸善京都出版サービスセンター，2017 年　単著）
「Correspondence Analysis of Three Japanese EFL Textbooks: In Reference to the Improvement of a Criterion Measure for a Readability Tool」（International Conference on Education, Psychology and Learning (ICEPL) Proceedings 2017 年 pp.49-60　共著：学会賞受賞）
「Correspondence Analysis of Teaching Materials and Potential Relationships between the Materials and Student Awareness」（International Conference on Education, Psychology and Learning (ICEPL) Proceedings 2018 年 pp.158-171　単著：学会賞受賞）

めざせ！情熱英語教師
―― 生徒の心に火をつけよう ――

平成 30 年 12 月 25 日　発行

著　者　上　西　幸　治

発行所　株式会社　溪水社
　　　　広島市中区小町 1-4（〒730-0041）
　　　　電　話（082）246-7909／FAX（082）246-7876
　　　　e-mail：info@keisui.co.jp

ISBN978-4-86327-466-2　C1037